*Adolf Feulner*

# Das Residenzmuseum in München

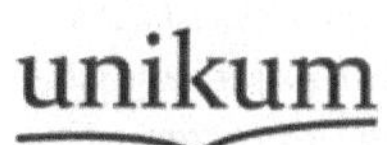

*Adolf Feulner*

**Das Residenzmuseum in München**

---

*ISBN/EAN: 9783845723693*

*Erscheinungsjahr: 2012*

*Erscheinungsort: Bremen, Deutschland*



*www.unikum-verlag.de | office@unikum-verlag.de*

*Adolf Feulner*

# Das Residenzmuseum in München

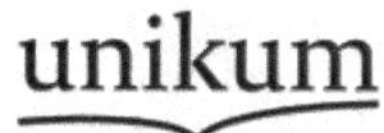

# DAS RESIDENZMUSEUM IN MÜNCHEN

VON
DR. ADOLF FEULNER
KONSERVATOR DES RESIDENZMUSEUMS

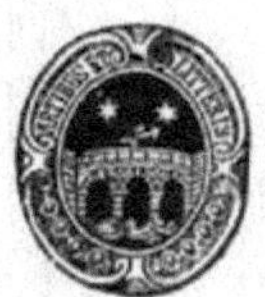

F. BRUCKMANN A.-G. / MÜNCHEN 1922

Der vorliegenden Führung ist nicht die jetzige Führungslinie, sondern die geschichtliche Reihenfolge zugrunde gelegt. Zur leichteren Übersicht geben wir hier die Inhaltsangabe. Die beigefügten römischen Ziffern bezeichnen die Reihenfolge in der Führungslinie.



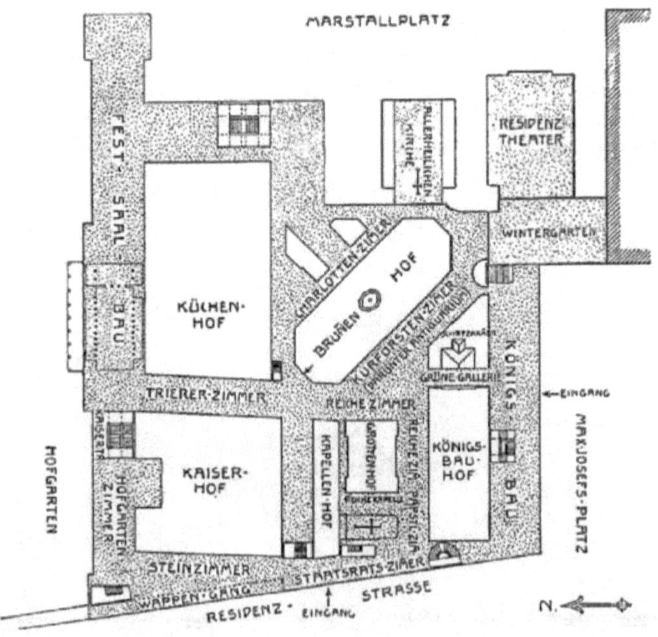

# EINLEITUNG

Der großzügige Gedanke, die bisherige Residenz der bayerischen Könige dem bayerischen Volke, der Allgemeinheit überhaupt zu öffnen, sie als Stätte der Belehrung und Bildung allen zugänglich zu machen, hat durch die Gründung des Residenzmuseums allgemein befriedigende Gestalt gewonnen. Damit ist München um eine Sehenswürdigkeit reicher geworden, die einzigartig dasteht in Deutschland, ja in Europa. Allen anderen Herrschersitzen hat die Münchener Residenz zweierlei voraus: die Mannigfaltigkeit an hochbedeutenden Innenräumen aus den verschiedenen Bauperioden von der Renaissance bis zum Klassizismus und den Reichtum an wertvollen Leistungen des Kunstgewerbes vom 17. bis zum frühen 19. Jahrhundert. Diese originalen Ausstattungsstücke ihrem ursprünglichen Standort zuzuführen, sie auf Grund wissenschaftlicher Forschungen wieder da aufzustellen, wofür sie ihre Entstehungszeit bestimmt hatte, die Räume von den Zutaten des 19. und 20. Jahrhunderts zu befreien, ihnen soweit wie möglich den originalen Charakter zurückzugeben, das war die Aufgabe der neuen Museumsleitung. Sie hat unter Friedrich Hermann Hofmanns umsichtiger Initiative für einen Teil des riesigen Baukomplexes in raschester Zeit eine Lösung gefunden. Alle weiteren Pläne erfordern umfassende Baumaßnahmen, die erst im Laufe der nächsten Jahre zur Ausführung kommen können.

Der neue Titel „Residenzmuseum" müßte beim Betreten schon vergessen werden. Das Residenzmuseum ist kein Museum im geläufigen Gebrauch des Wortes, nicht eine Sammlung von Kunstwerken, die der Zufall oder wissenschaftliche Sammlungstätigkeit an einer Stelle vereinigt hat. Der Bau hat seit seinem Entstehen bis in unsere Tage als Residenz des Landesherrn seine besondere Bestimmung gehabt. Was die Kunst des Landes, der Zeit überhaupt, an Schönem und Bedeutendem hervorbringen konnte, wurde von den Fürsten dem Ausbau und der Ausschmückung ihrer Residenz dienstbar gemacht. Die Hochrenaissance, Barock und Rokoko haben hier Räume geschaffen, die zu den edelsten und feinsten Schöpfungen dieser Stilarten in Deutschland gehörten. Jede Zeit hat nach ihrem Geschmack daran gebaut, ergänzt, verändert. Der Bau ist lebendiger Organismus geblieben, bis die jüngste Zeit sein Wachstum abgeschnitten hat. Nicht eine Sammlung ist hier zu sehen, sondern ein Gesamtkunstwerk, eine geschichtliche Folge von Räumen, denen zum vollen Leben nur eines fehlt, das Leben der Menschen, die die Räume für sich gebaut, die darin gewohnt haben.

Für die bisher zugänglichen Räume soll hier dem Leser in einer Reihe von Aufsätzen ein Führer gegeben werden, der kurz die wichtigsten geschichtlichen Nachrichten bringt; der vor allem das Verständnis für die künstlerischen Werte anbahnen will, die das Residenzmuseum vor allen anderen Museen auszeichnen, für die Bedeutung der Innenarchitekturen aus den verschiedenen Bauperioden. Die Einzeldaten habe ich im „Kleinen Führer" verzeichnet.

# TRIERZIMMER UND STEINZIMMER

Die Umwandlung der mittelalterlichen Burg in eine fürstliche Residenz hat Kurfürst Maximilian (1597—1651) vollzogen. Die Bauten der Renaissancezeit, das unter Albrecht V. aufgeführte Antiquarium und die unter Wilhelm V. angefügten Trakte um den prächtigen Grottenhof waren nur Annexe an die mittelalterliche Feste, die in der Gesamtwirkung des ausgedehnten Baukomplexes das Bestimmende blieb. Der Maximilianische Neubau war eine Anlage im großen Stil, gegen die das bestehende Alte nicht mehr aufkam. Die Flügel um den großen Kaiserhof verlegten das Schwergewicht auf die Seite der jetzigen Residenzstraße; die Fassade an der Residenzstraße ist das Gesicht, an das man vor allem denkt, wenn die Residenz genannt wird. So schlicht die architektonische Ausgestaltung dieser Schauseite, an der nur die vornehmen Portale und die mittlere Ädikula mit der Figur der Patrona Bavariae sprechen, so wirkungsvoll, nordisch herb und kraftvoll ist das Ganze. Auch diese Einfachheit war eine Sache reiflicher Überlegung. An neu gefundenen Rissen sehen wir, daß ursprünglich auch die Außenarchitektur reicher geplant war, daß die drei fast gleich hohen Geschosse eine Gliederung durch Pilaster und Halbsäulen im Anschluß an italienische Vorbilder bekommen sollten, daß die Zwischengeschosse mit den runden Ochsenaugenfenstern gar nicht vorgesehen waren. Wir bedauern diese Vereinfachung nicht. Sie ist es, die dem Bau seine besondere Note gegeben hat, die ihm auch jetzt noch seine vornehme Würde läßt, seit im Laufe der Jahrhunderte monumentalere Adelspaläste und Kirchen in seine Nähe getreten sind.

In den drei äußeren Flügeln um den Kaiserhof hat Maximilian die prunkvollen fürstlichen Räume eingebaut; der vierte Flügel am Kapellenhof blieb für untergeordnete Nebenräume reserviert. Im Westflügel an der Residenzstraße, aber von der Straße durch Korridore getrennt, da sich das fürstliche Leben nicht vor der Öffentlichkeit abspielen konnte, die Wohnzimmer des Kurfürsten, die Steinzimmer, im Ostflügel die Gästezimmer, die seit dem Aufenthalt des Trierer Kurfürsten Clemens Wenzeslaus, des Verwandten und Freundes von Karl Theodor, Trierzimmer genannt werden, und an der Nordseite die großen Prunksäle, der Kaisersaal und der Vierschimmelsaal, in die die monumentale Haupttreppe, die Kaisertreppe, mündete. Diese Prunksäle waren die Seele der ganzen Raumfolge, der Höhepunkt in der bewußten Steigerung der Raumeindrücke. Sie sind jetzt verschwunden, Fürstenlaune zum Opfer gefallen.

Die Folge dieser frühbarocken Räume ist so durch die klassizistischen Hofgartenzimmer, die wie Fremdkörper in ein organisches Ganzes eingeschoben sind, auseinandergerissen. Auch die übrigen Räume mußten sich im Laufe der Jahrhunderte manche Modernisierung gefallen lassen. Die Trierzimmer, die als erste unter den Prunkräumen um 1612 vollendet wurden, haben noch viel vom ursprünglichen Charakter der deutschen Renaissance bewahrt. Nur die mittleren Räume, die Schlafzimmer und die anschließenden Schreibzimmer, wurden nach den Bedürfnissen des 18. Jahrhunderts verändert, verkleinert, intimer gestaltet. Ihre boudoirhafte Feinheit kontrastiert energisch mit der schweren Gemessenheit der Vorzimmer und Empfangszimmer, die auf beiden Seiten folgen. Der Kontrast bewirkt zwar eine gewisse Steigerung vom Einfacheren zum Komplizierteren, die in der ursprünglichen Absicht lag. Auch die Steinzimmer sind ähnlich disponiert. Zugleich aber auch eine Abnahme der Wirkung im Übergang vom Repräsentativen zur Intimität, von prunkvoller Schwere zur leichteren, feineren Behaglichkeit. Bestimmend wirken in den älteren Vorzimmern neben den stattlichen Ausmaßen, den Raumproportionen, die klare Gliederung, die scharfe Betonung der Horizontalen, die Trennung der Wände und der dunklen Holzdecke. Die Decke ist in geometrische Felder geteilt und trägt neben der wenig vortretenden, aufgesetzten, geschnitzten und vergoldeten Ornamentik als wichtigsten Schmuck Gemälde allegorischen Inhalts. Peter Candid, der Leiter des Kunstwesens am Hofe Maximilians, hat die ausgezeichneten, als Tafelgemälde durchgeführten, überlegen komponierten Bilder gemalt, aber sicher nicht nach eigenen Intentionen; der Bauherr hat diese Verherrlichungen fürstlicher Tugenden gewollt, die als ständiges Ausrufezeichen an der Decke schwebten und er selbst, oder ein schriftenkundiger Berater hat die inhaltsschwere Allegorie zusammengestellt, die alle Räume mit einem bestimmten inhaltlichen Programm überspann und selbst die Figuren der Fassadenportale in das Netz tiefsinnig-krauser Gelehrsamkeit einbezog. Die Einteilung der Decke erinnert an venezianisches Vorbild aber nur im allgemeinen; noch mehr

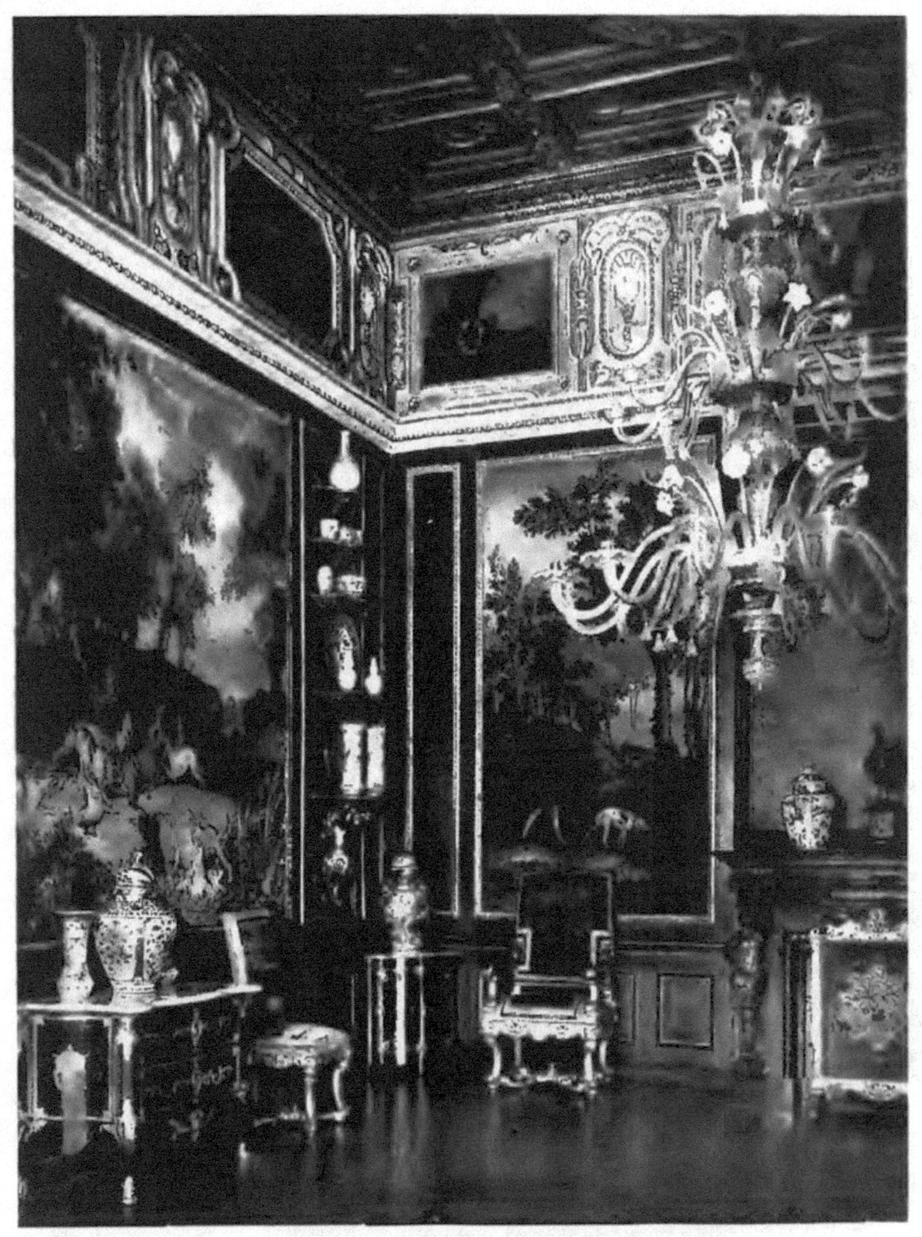

ZWEITES EMPFANGSZIMMER IN DEN TRIERZIMMERN MIT JAGDTEPPICHEN VON OUDRY IN BEAUVAIS

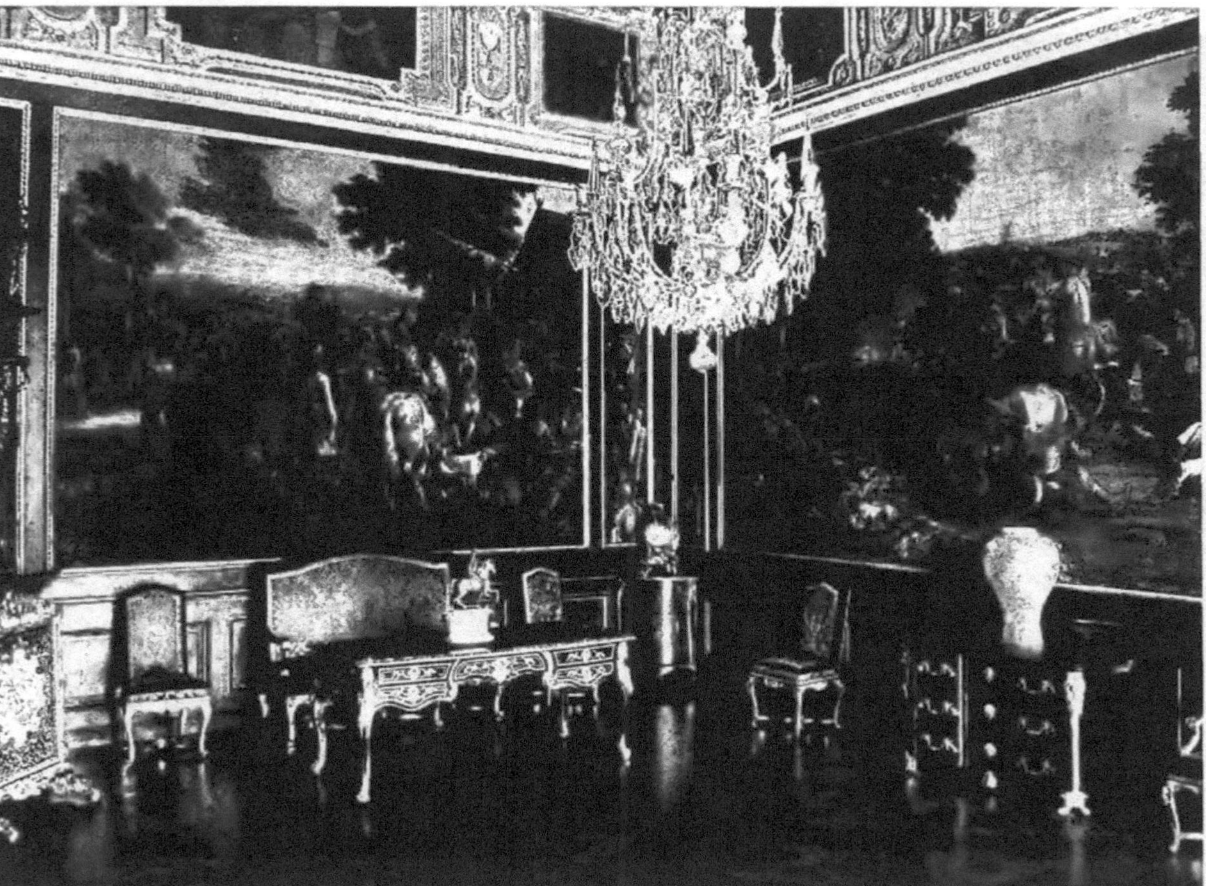

Phot. Riehn & Reusch, München

ERSTES EMPFANGSZIMMER IN DEN TRIERZIMMERN

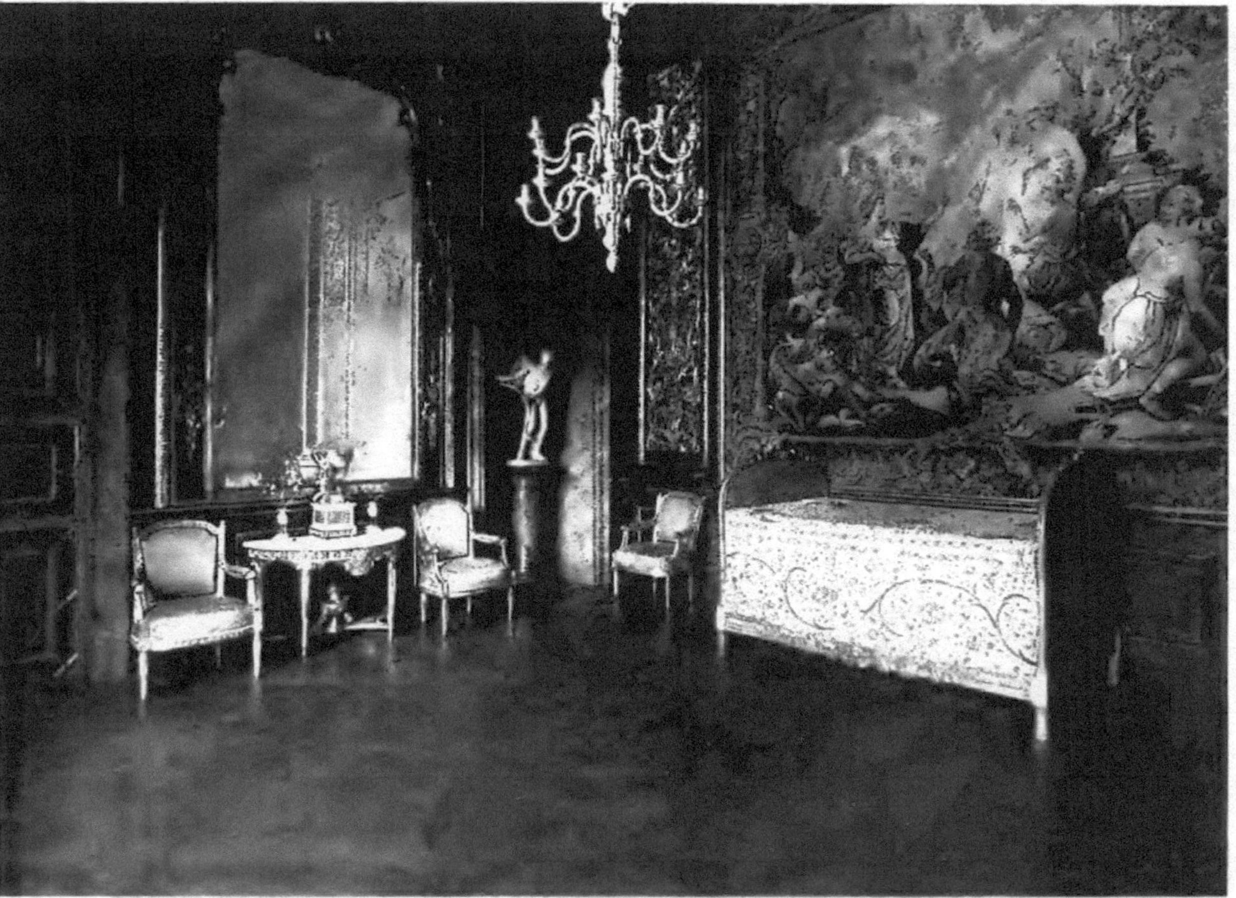

Phot. Riehn & Reusch, München

SCHLAFZIMMER IN DEN TRIERZIMMERN

wirkt an der Figuration dieser Holzdecke das Vorbild deutscher Renaissance, wie die Decke im Dachauer Schlosse nach, und diese Betonung deutscher Eigenart spricht wieder für den Geschmack des Fürsten, des bekannten Dürersammlers. Die lastende Schwere der Decke bedingt als Stütze den kräftig ornamentierten Stuckfries, und dieser wiederum macht als Ausgleich den Sockel nötig. So bekommen die lastenden Horizontalen das Übergewicht. Die spannende Segmentbogenform der Fensternischen, die in die Frieszone vorstoßen, die schweren, dunkeln Stuckmarmorumrahmungen der Türen vollenden den Eindruck von Würde und Feierlichkeit, von prunkvoller Gemessenheit. Die Architektur vermittelt uns ein Bild nicht nur von den künstlerischen Absichten des Zeitstiles, sie wirft auch auf die Gesinnung des Bauherrn klärendes Streiflicht.

Die vertikale Wandgliederung wurde unter Ludwig II. verändert. Nur rücksichtslose Moderne konnte die schönen alten Bildteppiche so zerstückelt in die bestehenden Felder spannen. Nicht einmal die Auswahl der Bildteppiche ist günstig. Man kann jetzt, wo im ersten Trierzimmer die Monatsteppiche Candids und Hans van der Biests wieder ihren ursprünglichen Platz gefunden haben, den Unterschied am besten bemessen (Abb. S. 11). Die mittlere, rebenumrankte Säule auf diesem Teppich erfüllt zugleich eine architektonische Funktion, sie gibt die notwendige Vertikalgliederung. Die wuchtige Schwere der Form ist gestimmt zur Schwere der Gliederung. Die Farbe der Bildteppiche verbindet sich leicht mit der Farbe der Deckengemälde, die vom gleichen Meister gemalt sind. In den übrigen Räumen entstehen Widersprüche. Die feine Eleganz der prachtvollen, nach Oudrys Entwurf 1727 in Beauvais gewebten Jagdteppiche im zweiten Empfangszimmer (Abb. S. 5) geht mit der gedrungenen Kraft der Architektur nicht zusammen. Viel besser eignen sich die figurenreichen Szenen aus dem Soldatenleben nach L. de Hondt im ersten Empfangszimmer (Abb. S. 6) und die steifen, klassizistischen Münchener Bildteppiche im zweiten Vorzimmer, die der Münchener Hofmaler Christian Wink in seiner Spätzeit entworfen hat.

Die beiden Schlafzimmer (Abb. S. 7 u. 9) wurden um 1725, wahrscheinlich von Cuvilliés, umgebaut, nicht nur umgeändert. Die Decke wurde niedriger gelegt, eine starke Hohlkehle zur Überleitung in die Wände einbezogen. Die Wände wurden im ersten Schlafzimmer mit Panneaux verkleidet, deren frische, phantasievolle Ornamentik Elemente des Frührokoko zeigt mit starkem Anschluß an französische Vorbilder im Stile Oppenordts. Die Hauptfläche nehmen die mattfarbenen Münchener Bildteppiche nach Entwürfen von Christian Wink ein, Allegorien des Sommers und Winters von 1773. Im zweiten Schlafzimmer (Abb. S. 9) sind die Wände mit gestickten Panneaux verkleidet, Chinoiserien, europäischen, vielleicht Münchner Ursprungs, in Applikationstechnik auf schwarzem Grund, die durch geschnitzte Stäbe oder durch Schmalfelder mit merkwürdig altertümlicher Ornamentik im Stile Marots getrennt sind. Die Schreibzimmer sind von Puille im Stile des frühen Klassizismus umgebaut; wir werden sie deshalb im Anschluß an die Hofgartenzimmer betrachten. Sie sind intakt erhalten. Für alle übrigen Räume waren unter Ludwig II. neue Möbelgarnituren konstruiert worden, die bei der Einrichtung des Museums natürlich wandern mußten. Möbel aus der Erbauungszeit waren vereinzelt erhalten. Der Grund liegt klar. Was dem Gebrauchszweck diente, wurde in den früheren Jahrhunderten selten aus sentimentaler Rücksicht konserviert und am leichtesten wurden Möbel ausgeschaltet, wenn sie unmodern geworden waren. Ersatz für den Verlust mußte aus späteren Jahrhunderten gesucht werden. Die ältesten Möbel des Trierzimmertraktes sind die reich eingelegten schweren Augsburger Schränke im letzten Vorzimmer, dazwischen einfache französische Kommoden des Louis XIV; in den Empfangszimmern Stühle des späten 17. und frühen 18. Jahrhunderts (Abb. S. 12/13), die zum Teil den Anschluß an die italienischen Vorbilder der Zeit Ferdinand Marias in den Päpstlichen Zimmern zeigen (Abb. S. 20); in den Schlafzimmern gute Garnituren des Louis XVI-Stiles, die nach den Signaturen in der Werkstätte des bekannten Pariser Ebenisten Jacob gefertigt wurden (Abb. S. 7 u. 9). Ein Möbel muß besonders erwähnt werden, ein prachtvolles Bureau mit Rollverschluß, das im zweiten Schlafzimmer steht. Es ist ganz mit Intarsien geschmückt, die unverkennbar die Meisterhand des berühmten Neuwieder Möbelschreiners David Röntgen (um 1780) zeigen (Abb. S. 10). Blumenkörbchen an Girlanden und figürliche Szenen, Chinoiserien, sind mit solcher Feinheit aus bunt gebeizten Hölzern zusammengesetzt, daß sie wie impressionistische Skizzen wirken. Bei der Ausführung der figürlichen Szenen war vermutlich der Koblenzer Maler Januarius Zick beteiligt, der viele Entwürfe für Röntgen gemacht hat. Von den französischen Möbeln in den Schreibzimmern wird hernach die Rede sein.

In den Steinzimmern setzt sich die Flucht der Maximilianischen Räume fort. Nach den Jahreszahlen über den Kaminen wurden sie 1612—17 gebaut. Während die zeitlich unmittelbar vorhergehenden Trierzimmer wie Festräume eines Schlosses wirken, die sich wenig vom

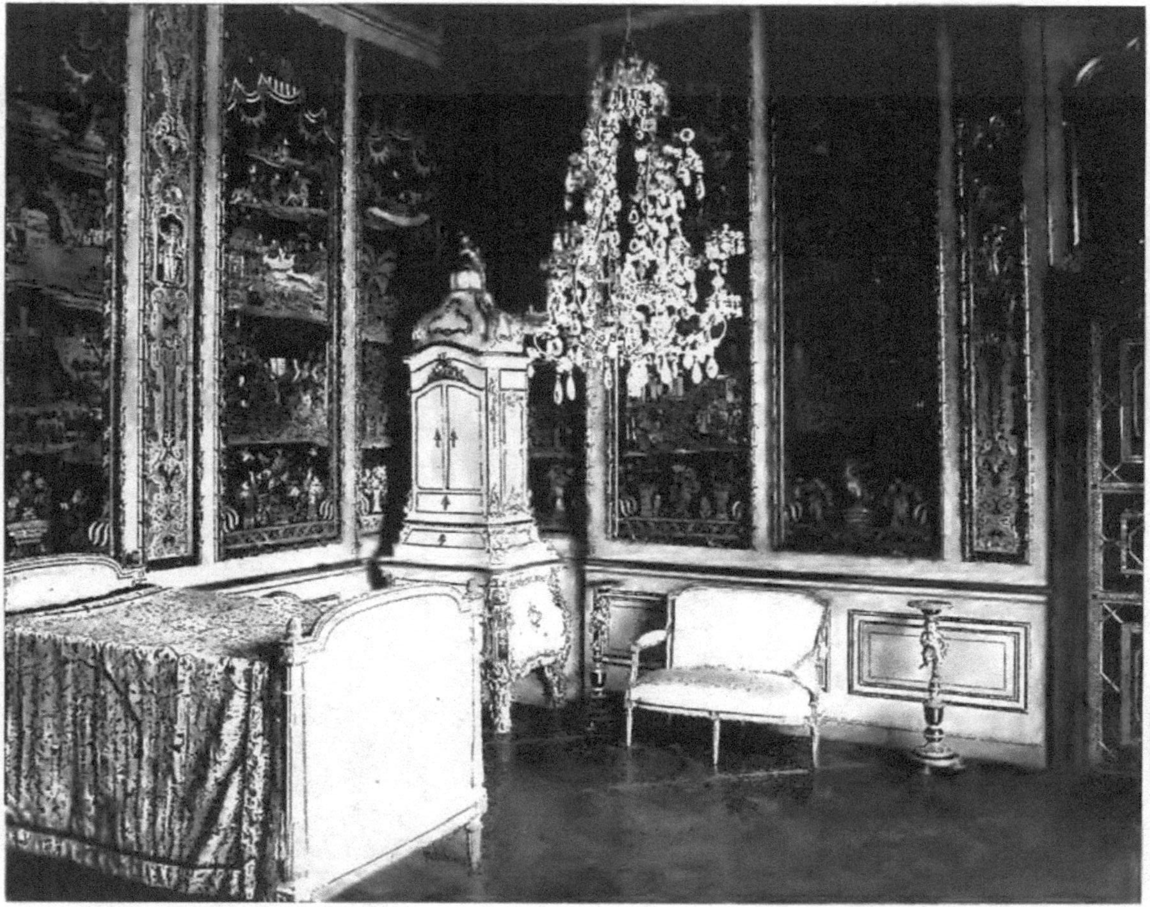

ZWEITES SCHLAFZIMMER IN DEN TRIERZIMMERN

Phot. Riehn & Reusch, München

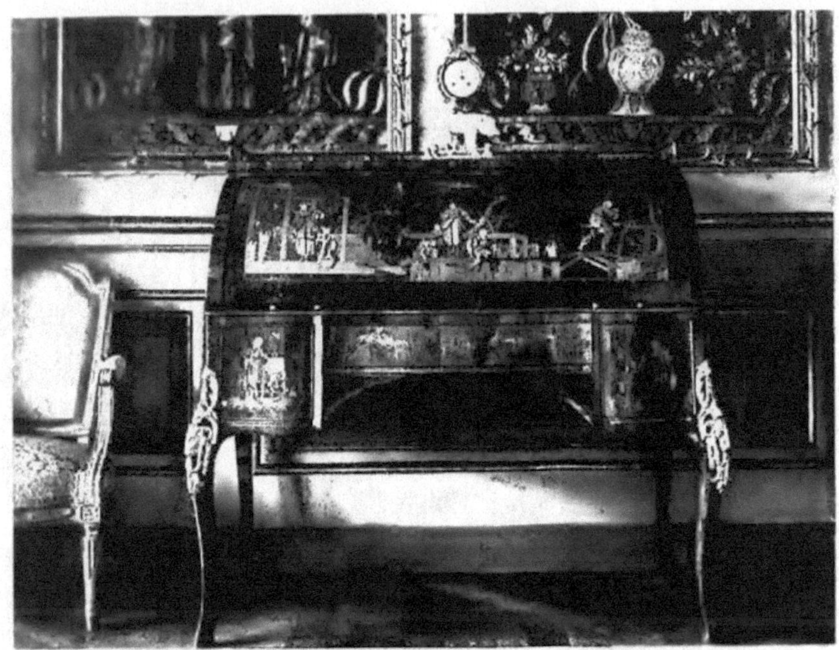

Phot. Dr. Feulner TRIERZIMMER. SCHREIBTISCH VON DAVID RÖNTGEN AUS NEUWIED

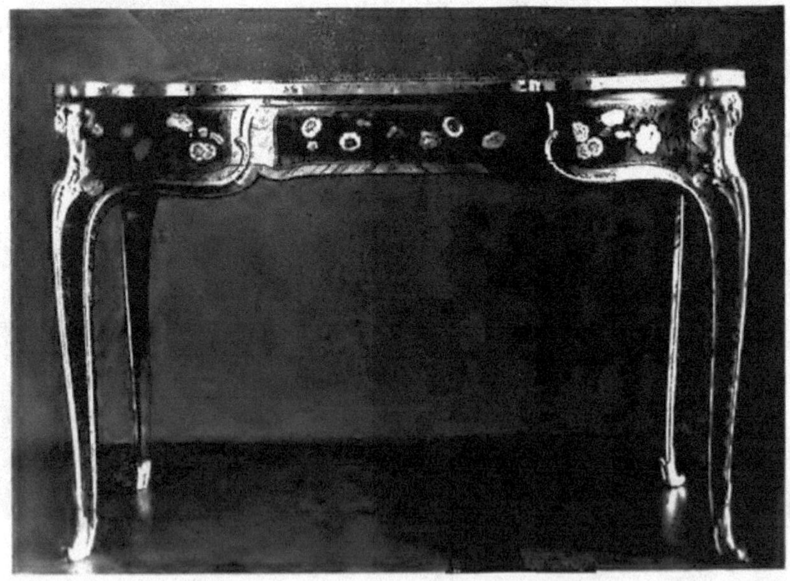

Phot. Dr. Feulner TRIERZIMMER. LESETISCH VON OEBEN

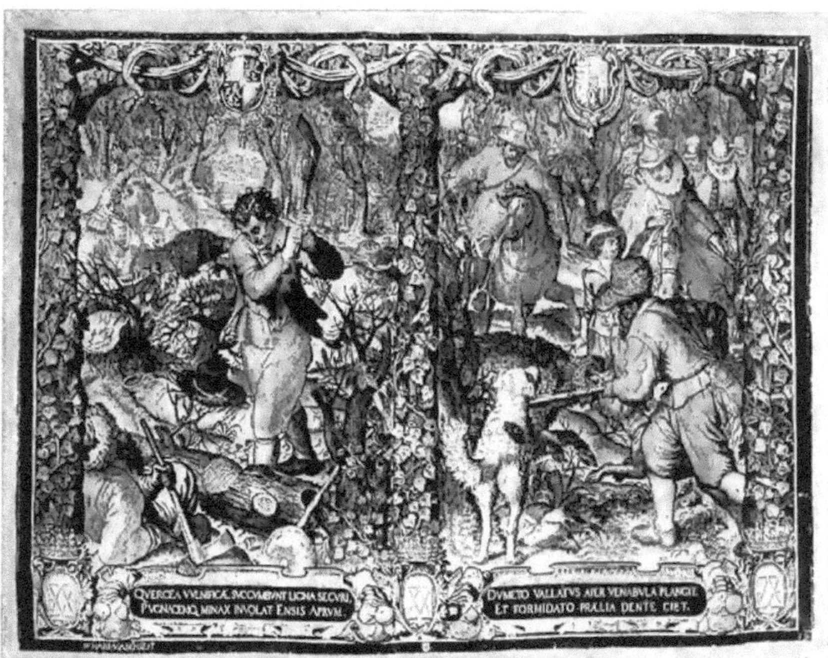

Phot. Dr. Feulner

TRIERZIMMER. DER NOVEMBER. BILDTEPPICH VON PETER CANDID UND HANS VAN DER BIEST

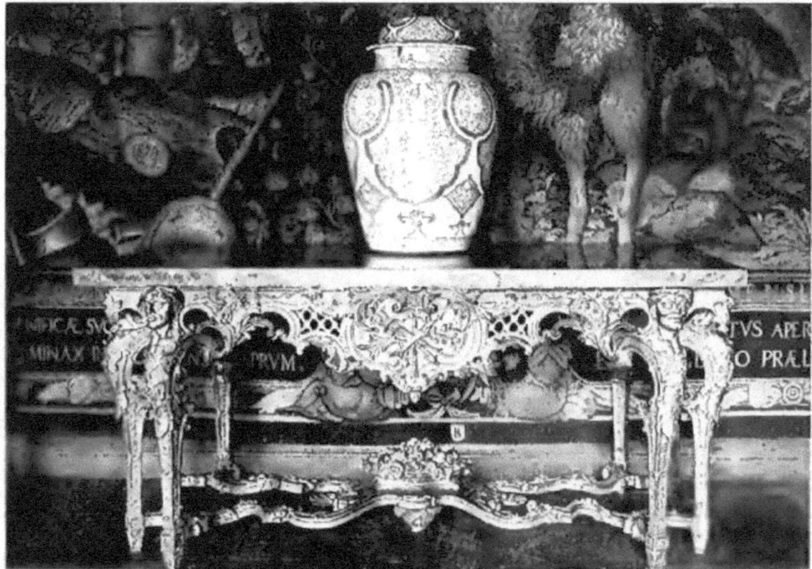

Phot. Dr. Feulner

TRIERZIMMER. KONSOLTISCH VON JOSEPH EFFNER

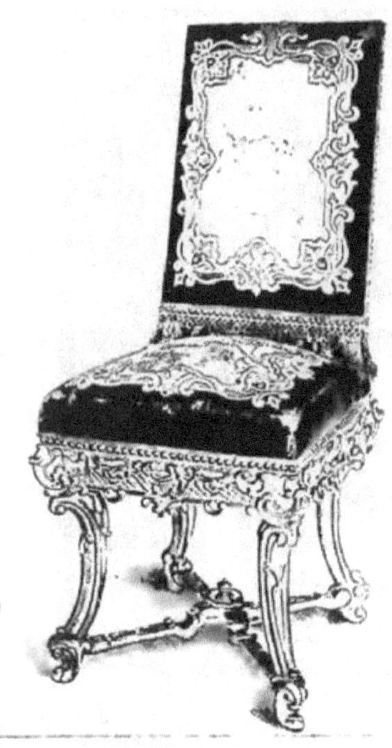
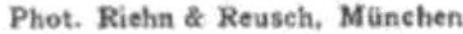
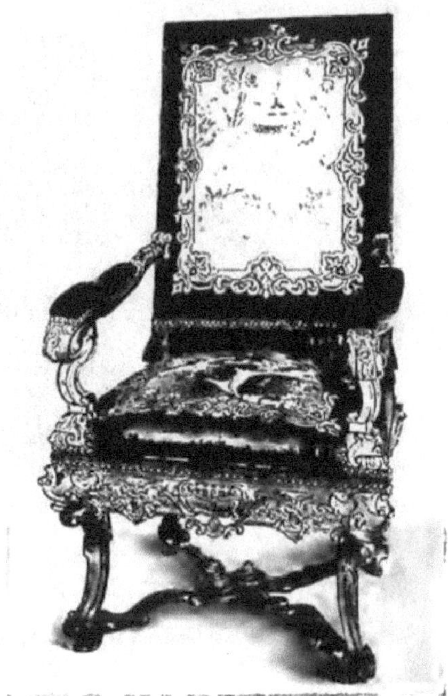

Phot. Riehn & Reusch, München

STÜHLE IN DEN TRIERZIMMERN (um 1700)

deutschen Normaltypus entfernen, erscheinen die Steinzimmer als die eigentlichen fürstlichen Prunkräume. Dem Stil der modernen, italienisierenden Spätrenaissance sind noch mehr barocke Elemente beigemischt, die allerdings durch die späteren Veränderungen noch verstärkt sind. Bei dem Residenzbrande von 1674 hatten auch die Holzdecken der Steinzimmer gelitten und die Malereien mußten (1693) wieder restauriert werden. Nur die Stuckdecke im mittleren Zimmer war intakt geblieben. Das Restaurieren bedeutete ein vollständiges Neumalen, allerdings auf Grund der alten allegorischen Darstellungen. Die Hand einzelner Maler des späten 17. Jahrhunderts, eines Wolf, Gumpp ist auch deutlich genug erkennbar. Die Felderteilung der Decken ist in den Steinzimmern viel schwerer, größer; durch die ornamentale Bemalung der Stege ist der Holzcharakter vollständig verwischt; die Angleichung an den Geschmack des späten 17. Jahrhunderts ist dadurch noch vollständiger geworden. Friese und Sockel wie in den Trierzimmern sind auch hier vorhanden, wieder stoßen die Leibungen der Fensternischen in die Frieszone vor und noch mehr drängen sich die schweren Stuckumrahmungen der Kaminnischen nach oben; sie bringen den Eindruck einer Bewegung hervor, betonen gegenüber den lastenden Horizontalen die Vertikaltendenz. Durch die großen Kaminnischen wird der Hauptakzent in die Mitte der Rückwand verlegt, der ganze Rhythmus der Gliederung ist energischer, bewegter geworden. Wieder sind die Formen der Architektur, des Stuckdekors schwer, ernst, würdevoll (Abb. S. 14 und 15). Nur das mittlere Zimmer hat eine kleinteilige, zierlichere Dekoration erhalten, die sich gut mit der vornehmen Eleganz des oberitalienischen Marmorkamins aus dem späten 16. Jahrhundert verträgt. Die Absicht eines Übergangs vom schweren Prunk zum leichteren Rhythmus, einer Betonung des Zentralraumes, ist in der Flucht der Steinzimmer merklich.

Das ursprüngliche Mobiliar ist auch aus den Steinzimmern verschwunden; nur die prunkvollen Tische sind noch vorhanden, schwere Möbel auf verschiedenartigen, geschnitzten ornamentierten und auch eingelegten Gestellen,

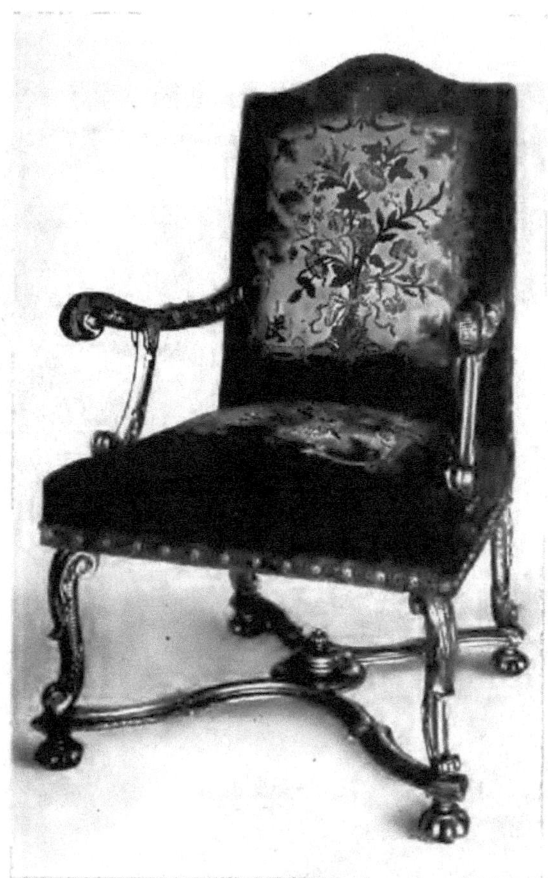

STUHL IN DEN TRIERZIMMERN (um 1700)
Phot. Riehn & Reusch, München

mit buntfarben eingelegten Platten aus Stuckmarmor, Marmormosaik, edlerem Gestein und Metall (Abb. S. 14). Es sind meist einheimische Arbeiten von Blasius Pfeifer, dem unter dem Namen Blasius Fistulator damals weitberühmten Marmorierer, der auch die Dekoration der Reichen Kapelle geschaffen hat. Der Gebrauchszweck muß schon bei diesen Möbeln zurücktreten vor dem Bedürfnis nach Prunk, vornehmer Würde. Den Schmuck der Wände bilden jetzt in den meisten Räumen die Bildteppiche, die nach Candids Entwürfen von Hans van der Biest in München gewebt wurden. Die Geschichte Ottos von Wittelsbach ist das Thema der einen Serie, die ursprünglich im Vierschimmelsaal hing (Abb. S. 16 und 17). In einer Umrahmung aus Trophäen und Waffen, mit den Wappen und Monogrammen Maximilians und seiner Gemahlin, und mit Schriftkartuschen sind figurale Kompositionen mit großen Figuren von monumentaler Wucht, gedrängt, daß sie den Rahmen zu sprengen drohen, gewebt in Gold mit branstig satten Farben, deren Pracht erst im farbigen Prunk des Gesamtraumes ihre Bindung erhält. Wie müssen die Bildteppiche erst in dem großen Saal gewirkt haben, in dem sie früher waren, in der reicheren architektonischen Umgebung mit Deckenmalereien, die inhaltlich das historische Thema in das übersinnliche Gebiet mythologischer Allegorie emportrugen.

Zwischen den beiden Fluchten, in der Mitte

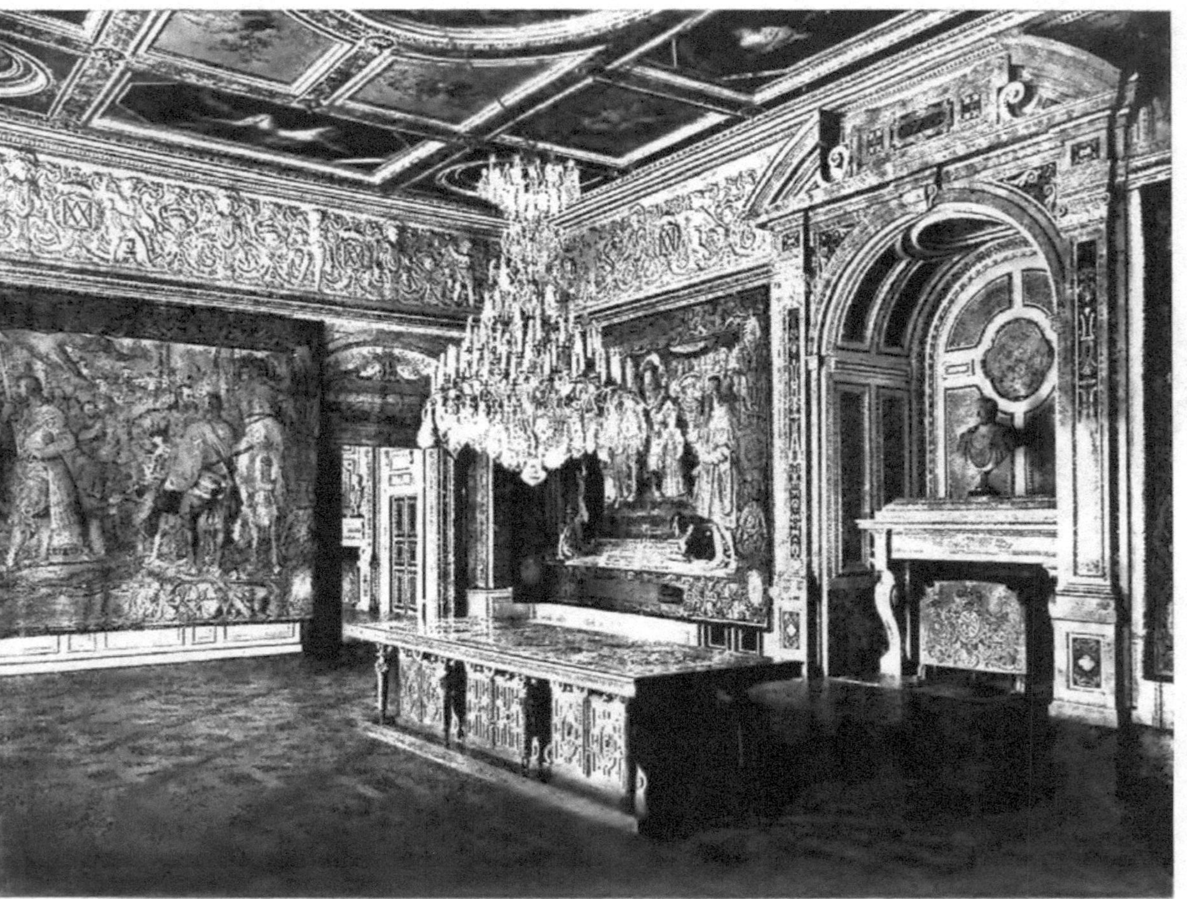

Phot. Riehn & Reusch, München

ERSTES STEINZIMMER

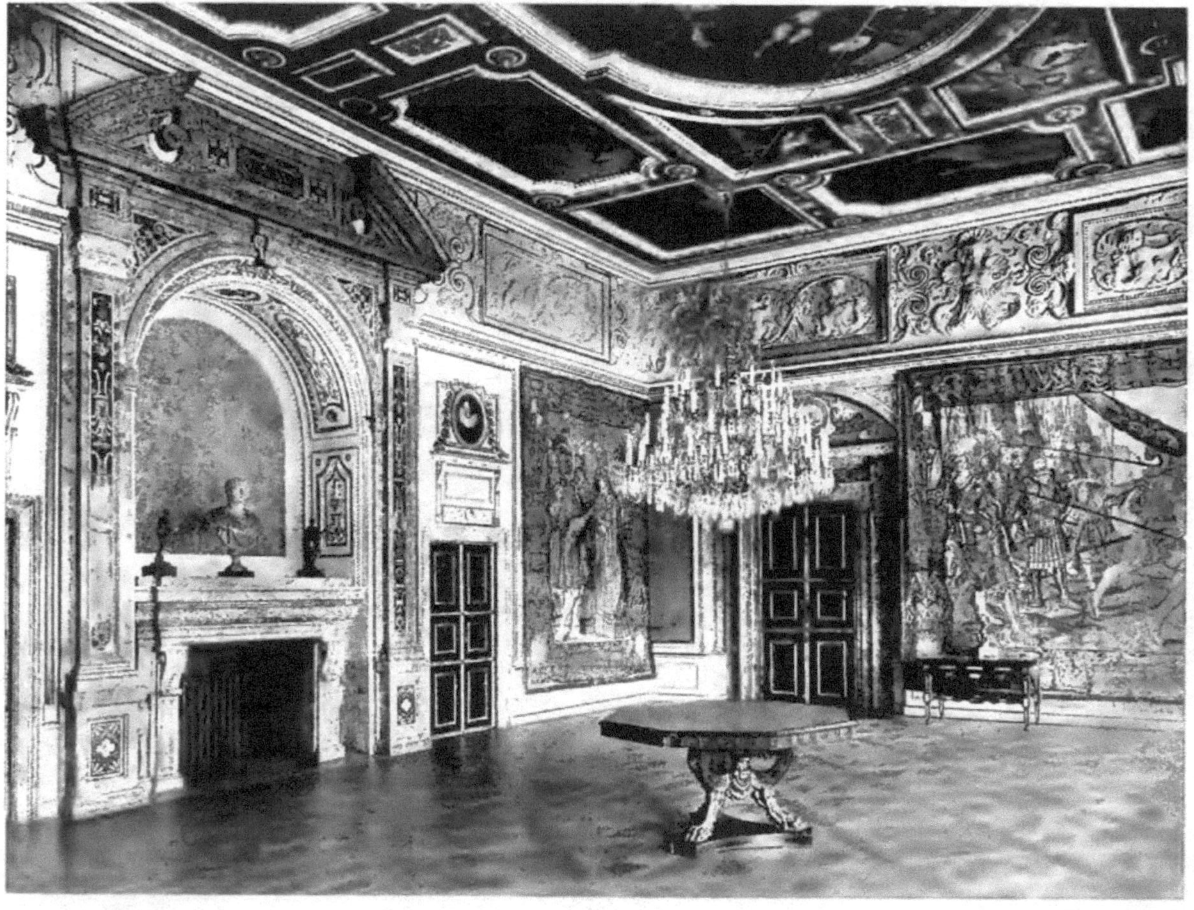

Phot. Riehn & Reusch, München

ZWEITES STEINZIMMER

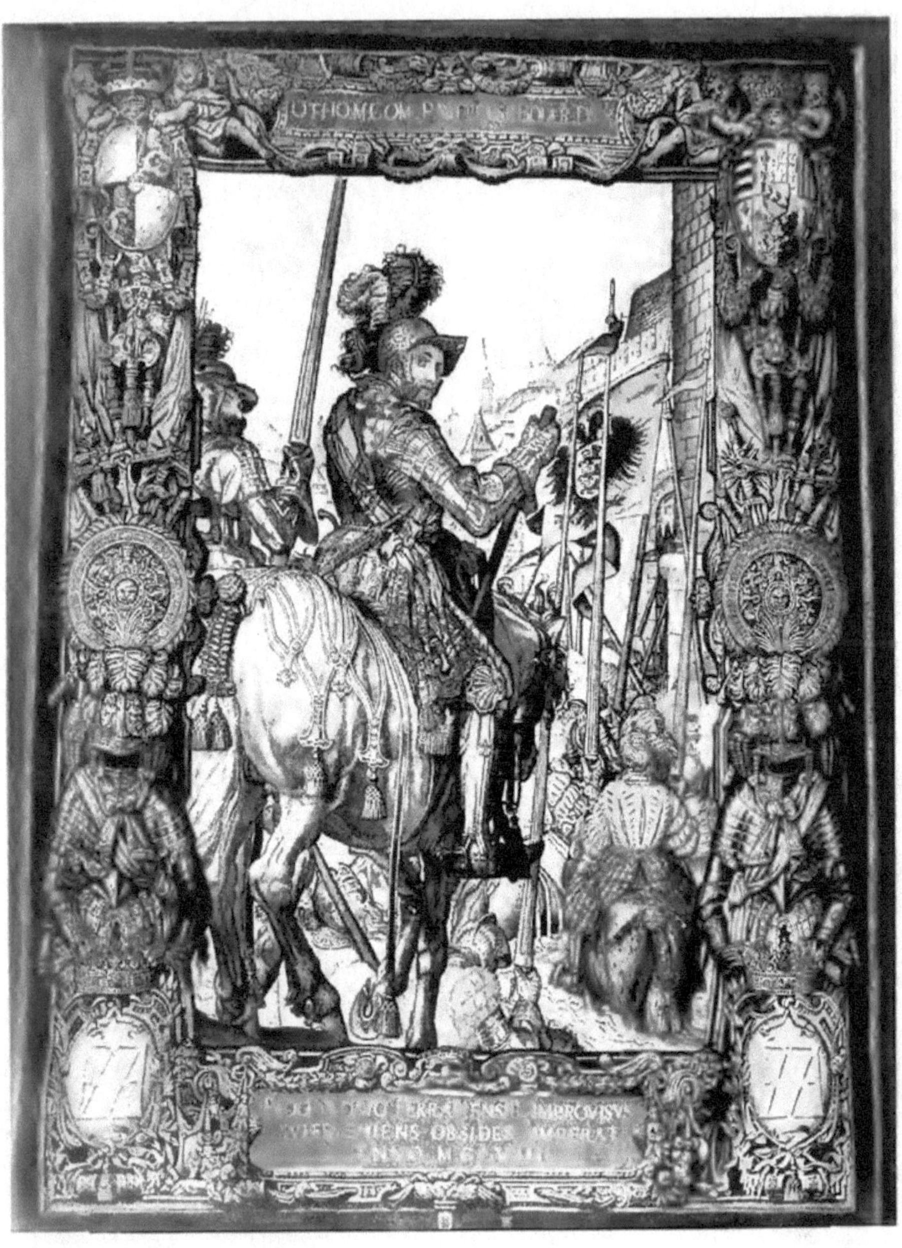

Phot. Riehn & Reusch, München

BILDTEPPICH VON CANDID UND HANS VAN DER BIEST: OTTO VON WITTELSBACH VOR FERRARA

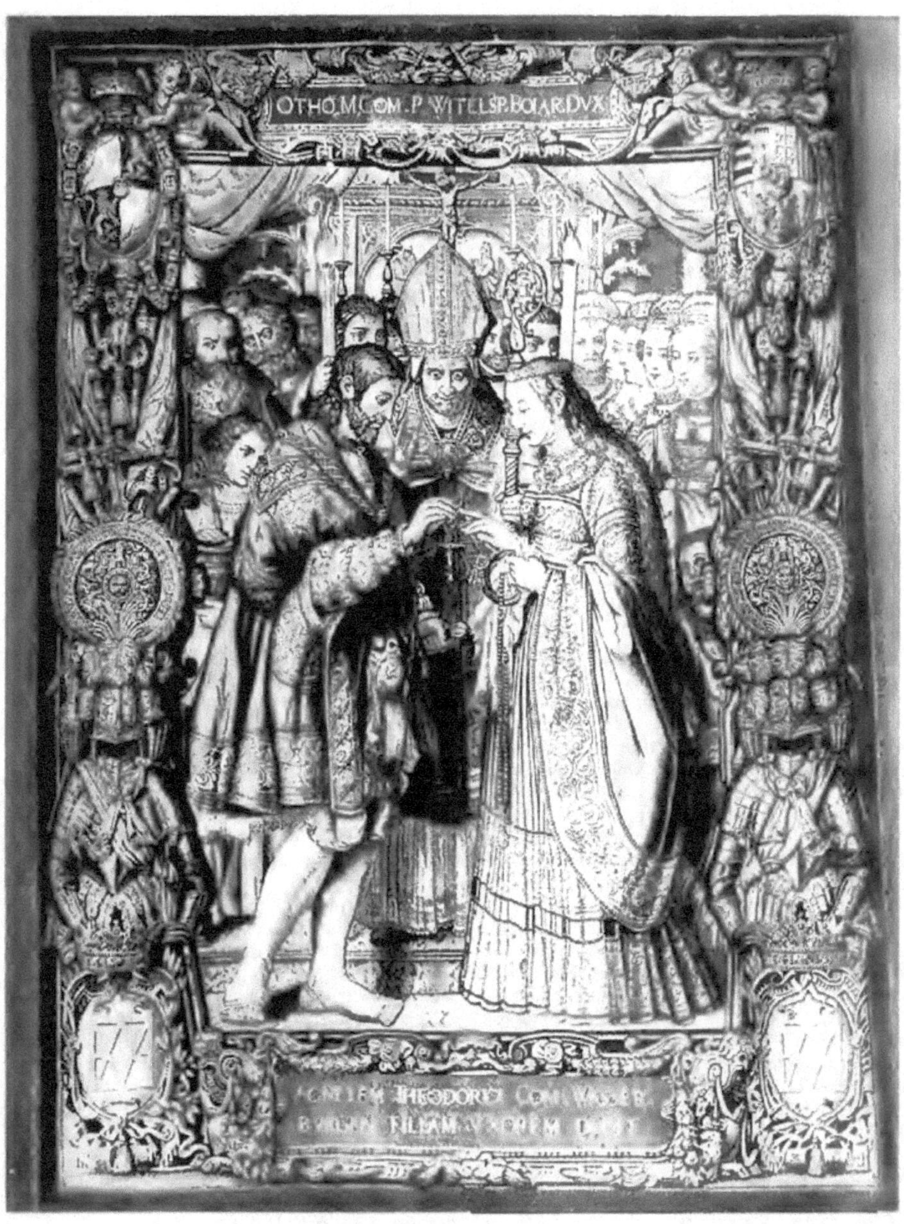


Phot. Riehn & Reusch, München

BILDTEPPICH VON CANDID UND HANS VAN DER BIEST: VERMÄHLUNG OTTOS VON WITTELSBACH

des Nordtraktes, liegt die Kaisertreppe, die monumentale Haupttreppe der Maximilianischen Residenz, ein Baudenkmal von hohem Range, eine der wichtigsten Leistungen der deutschen Spätrenaissance. Aus der dunklen, dreischiffigen Halle des Erdgeschosses führt ein Lauf über einen Podest in die obere, von großen Fenstern taghell belichtete Halle, deren Kreuzgewölbe auf mächtigen toskanischen Marmorpfeilern ruht. Die Gliederung des Gewölbes mit Rücksicht auf die Raumkompartimente, die strenge Aneinanderreihung der einzelnen Teile entspricht dem Renaissancegeschmack. Ein Italiener der gleichen Zeit hätte den Gesamtraum schon einheitlicher zusammengefaßt. Auch die Dekoration der Decke in Groteskenmanier ist für diese Jahre um 1616 altertümlich. Die weite, behäbige Schwere der Raumproportionen, die massige Wucht der gliedernden Architektur, der gekuppelten Säulen und Pilaster, die Fülle des Dekors aber reden schon eine andere Sprache, erinnern vernehmlich daran, daß das Barock herannaht. Den wichtigsten Schmuck der Wände des Treppenlaufes bilden die großen, von Hans Krumper entworfenen Statuen Ottos von Wittelsbach und der beiden Kaiser, die der Treppe den Namen gegeben haben, Karls des Großen und Ludwigs des Bayern. Zur Ergänzung kommen hinzu die Büsten über dem Türsturz, Wittelsbacher, die eine Königskrone getragen haben, oder hätten tragen können: Herzog Albrecht IV. und Otto III. von Niederbayern, König von Ungarn. Höfische Gelehrsamkeit konstruierte auch Kaiser Karl zu einem Ahnen des wittelsbachischen Hauses und so gehören auch diese Figuren zum panegyrischen Programm, das die ganze Folge der Räume inhaltlich wie in einer Epopöe zusammenfaßte.

Aber nicht nur diese nebensächliche, inhaltliche Einheitlichkeit besteht; auch die geistige Einheit, die künstlerische Einheitlichkeit der Maximilianischen Bauten leuchtet bei einem aufmerksamen Vergleich unverkennbar heraus. Die Anlage der vier Flügel um den quadratischen Binnenhof kann nicht das Resultat einer zufälligen Aneinanderreihung unzusammenhängender Trakte sein, das zeigt der Grundriß zur Evidenz. Die Folge der Haupträume stand von Anfang an fest; wenn die Nebenräume der Obergeschosse, die Außenarchitektur anders ausgeführt wurden, als sie ursprünglich geplant waren, so mögen äußere Gründe, die ungeheuer verworrene politische Lage — wir stehen im Anfang des Dreißigjährigen Krieges — die Vereinfachung erzwungen haben. Wer nun der Schöpfer dieser künstlerisch bedeutenden Anlage ist, wissen wir erst seit kurzer Zeit. Prätendenten waren verschiedene vorgeschlagen. Bisher wurde meist Peter Candid genannt, der niederländische, in Italien erzogene Maler, der zweifellos auf den Kunstbetrieb am Hof weitgehenden Einfluß ausgeübt hat. Aber von seinem architektonischen Schaffen wissen wir so gut wie nichts, und die Formen der Architektur selbst sprechen gegen ihn. Die in den Archivalien angeführten Baumeister Hans Reiffenstuel und Heinrich Schön waren kaum mehr als subalterne ausführende Kräfte. Nun hat man schon früher mit Recht auf Hans Krumper hingewiesen. Krumper, der Sprößling einer alten Weilheimer Bildhauerfamilie, seit 1567 in München nachweisbar, war besonders von Wilhelm V. protegiert worden. 1590 hatte ihn der Herzog zur künstlerischen Ausbildung sogar nach Italien geschickt. Nach der Rückkehr heiratete er eine Tochter Sustris, des Oberbaumeisters Wilhelm V., der Baumeister des Grottenhofes; später wurde er Sustris Nachfolger. 1609 trat er in den Dienst Maximilians, bei dem Fürsten blieb er bis zu seinem Tode 1634. Krumper war ein Mann von universaler Bildung und bedeutendem Können, nicht nur ein ausgezeichneter Bildhauer, sondern auch ein sehr fähiger Architekt. Seine Tätigkeit als Baumeister, nicht nur für Altbayern, sogar für Würzburg und Köln, ist inzwischen archivalisch belegt worden. Nun ist Maximilian als Sammler und Liebhaber deutscher Kunst bekannt. Schon aus diesem Grunde läge der Schluß nahe, daß der Kurfürst, der auch in seinen Bauten deutschem Empfinden viel mehr Raum ließ als Wilhelm V., einem Landeskind sein Hauptwerk lieber übertrug als einem Fremden. Der Schluß ist richtig. Erst in jüngster Zeit konnte ich eine Sammlung von Architekturzeichnungen und Detailentwürfen seiner Hand finden, die auch in die Geschichte des Residenzbaues klärendes Licht werfen. Die Wahrscheinlichkeit, daß ein einheimischer Künstler die Residenz gebaut hat, wird damit zur Gewißheit, allerdings mit der Beschränkung, daß nur die Sammelarbeit bedeutender künstlerischer Kräfte die Ausführung des riesigen Unternehmens ermöglichte, und daß als leitende, treibende, anregende Macht über dem Ganzen schwebte der Wille des Bauherrn, des genialen Wittelsbachers Maximilian I.

## PÄPSTLICHE ZIMMER

Die Kunstpolitik eines fürstlichen Hofes hängt oft von äußerlichen, an sich nebensächlichen Umständen ab, die mit Kunst gar nichts zu tun haben. Der überwiegende Einfluß, den im späten 17. Jahrhundert die italienische Kunst im südlichen Deutschland gewann, ist mit eine Folge fürstlich hauspolitischer Tatsachen. Kurfürst Ferdinand Maria (1651 bis 1677) war mit einer savoyischen Prinzessin, Henriette Adelaide, verheiratet. Der Geschmack der am Turiner Hof erzogenen Fürstin bestimmte die neue Stilrichtung am bayerischen Hofe, er gewann auch Einfluß auf die einheimische Kunst. Die Räume, die bald nach der Übersiedlung der Kurfürstin nach München als Wohnräume hergerichtet wurden, unterscheiden sich auffällig von den Steinzimmern und Trierzimmern, den wenig älteren Räumen im Stil der niederländisch-italienischen Spätrenaissance des Kurfürsten Maximilian. Sie unterscheiden sich, obwohl sie im Bau und sogar in Teilen der Wandverkleidung aus dieser Renaissanceperiode stammen. Der neue Stil des schweren, italienischen Barock überwiegt, er bestimmt den Gesamteindruck und nimmt die älteren Reste der Dekoration in sich auf, so sehr, daß die Verschiedenheiten sich jetzt nur mehr dem genauen Blick zeigen.

Kurfürst Maximilian I. hatte diese Gruppe von Zimmern im südöstlichen Trakt schon 1640 für seine Gemahlin Maria Anna herrichten lassen. Die Jahreszahl findet sich im Herzkabinett, Wappen und Monogramm der Fürstin sind auch in der Wandbekleidung des Grottenzimmers angebracht. Päpstliche Zimmer werden sie erst seit dem Besuche des Papstes Pius VI. im Jahre 1782 benannt; eine Büste des Papstes von J. Ceracchi (1788) ist im Grottenzimmer aufgestellt zum Andenken an den Kirchenfürsten, der hier gewohnt hat. Die geringen Ausmaße, die unregelmäßige Gruppierung der Räume waren also schon gegeben. Sie vertragen sich gut mit der intimen Feinarbeit der Stuckmarmorverkleidung aus der Maximilianischen Zeit, mit den perspektivischen Architekturen, den Hallen in deutschen Renaissanceformen im Herzkabinett, mit den bunten Füllungen im exotischen Geschmack, den Papageien und anderen Vögeln in ornamentalen Umrahmungen im Grottenzimmer, sie vertragen sich gut mit der leichten Profilierung der Wandgliederung, der Feldereinteilung, der Kaminumrahmung, die aus der Maximilianischen Zeit geblieben ist. Aber sie bildeten für die Italiener, die die Umarbeitung, die Neudekorierung leiteten, für die bolognesischen Architekten Agostino Barelli und Pistorini mehr ein Hindernis als einen Anreiz. Die schwellenden, üppigen Formen des italienischen Barockstiles konnten sich nur in großen Räumen entfalten. Das schwulstige Relief der Ornamentik, die schweren Profile der Deckenfelder, die üppigen, ausladenden Formen des Mobiliars, die prunkvolle Abtönung mit Gold und satten Farben, alles erweckt den Eindruck einer sinnenberauschenden, schweren Pracht, einer dumpfen Weihrauchstimmung, für die ein riesiger Kirchenraum, ein großer Palast der richtige Platz wäre. Hier wirkt das Überschwellende der Formen beklemmend, erdrückend. Der Begriff fürstlichen Prunkes, höfischer Repräsentation ist der bestimmende Faktor selbst in diesen für einfache Wohnbedürfnisse gebauten Räumen. Er bestimmt, noch mehr wie früher, auch die Formen des Mobiliars. Die Armstühle im Grottenzimmer tragen hohe Lehnen mit überreichem ornamentalen Zierat, sie ruhen auf schweren Voluten, die durch Querleisten mit Blattkränzen, Blumengirlanden verbunden sind, alle geschnitzt, mit Ausladungen, Kanten, Ecken, die auf die praktische Zweckbestimmung keine Rücksicht nehmen. Die Platte des Mitteltisches im Grottenzimmer ist auf vier Karyatiden gelegt, die in Akanthusvoluten endigen; diese liegen auf Leisten mit Kugelfüßen. Die einzelnen Teile sind unter sich noch stark abgesetzt; die Übergänge durch die Kurven sind bereits versucht; erst ein Rokokomöbel zeigt wie der ganze Aufbau linear verschmolzen werden kann. In der Marketterie der Platte, den ornamentalen Messingeinlagen auf Schildpatt findet sich die Signatur Esser und Wolfhauer. Demnach haben deutsche Handwerker, vermutlich Augsburger Meister, die Ausführung nach der Zeichnung der italienischen Architekten besorgt. Ähnlich dürfen wir uns auch die Entstehung bei den übrigen Möbeln aus der Zeit Ferdinand Marias denken. Wie in der Maximilianischen Zeit wurde das einheimische Kunsthandwerk zur Ausführung herangezogen; es bildete sich unter Leitung der ausländischen Künstler, es lernte an fremden Erfindungen bis es sich in die neue Art hinein-

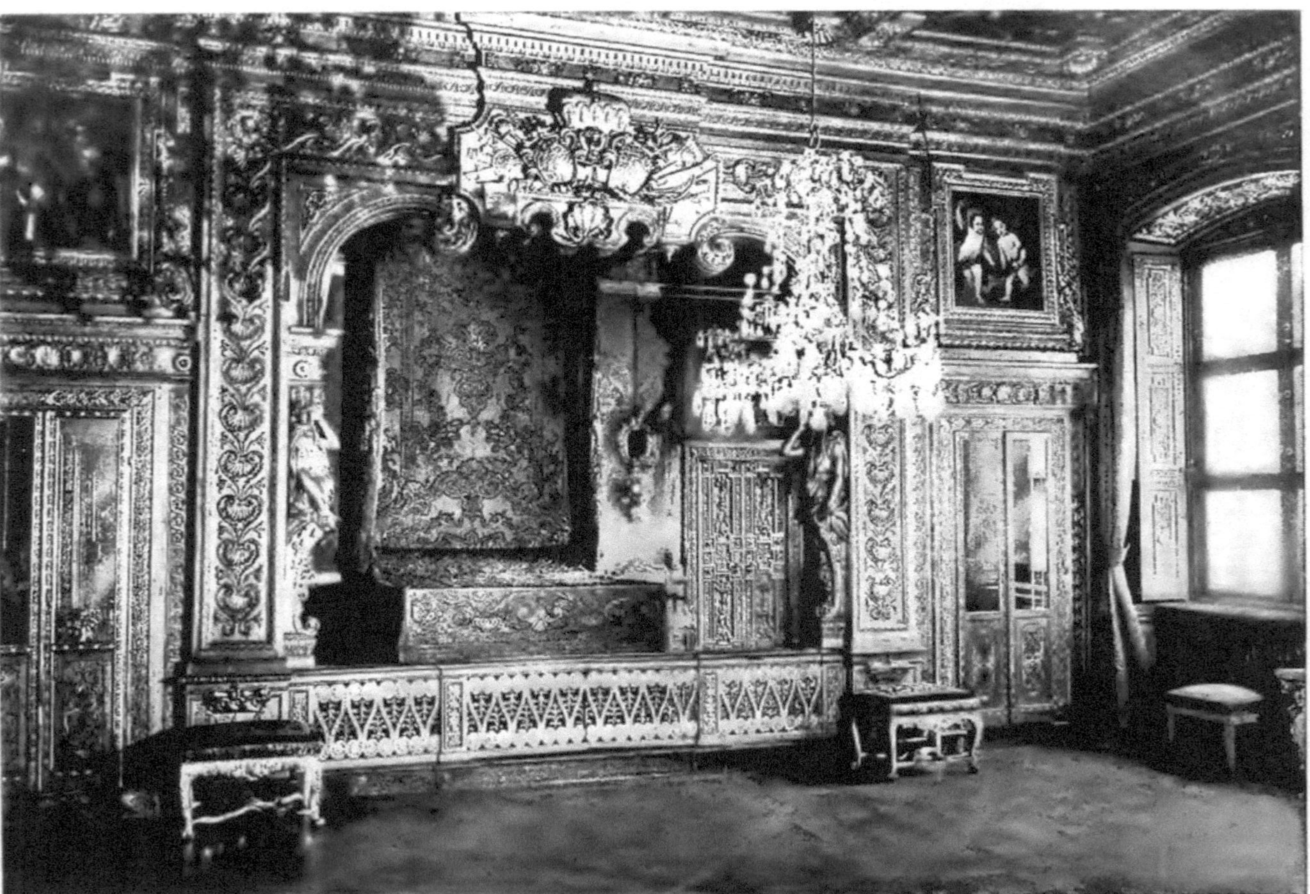

Phot. Riehn & Reusch, München

SCHLAFZIMMER IN DEN PÄPSTLICHEN ZIMMERN

gelebt hatte, bis es die eigenen Ideen mit den neu erlernten Formen ausdrücken konnte. Dieser italienische Barockstil weicht von der flämisch-deutschen Renaissance der Maximilianischen Epoche so stark ab, daß er als fremdes Element empfunden werden mußte. Er hat auch viel vom Wesentlichen verloren, bis er sich dem einheimischen Empfinden vermählte. Für den Anfang wirkte er sicher imponierend. Ein zielbewußter, auf das Grandiose gerichteter Wille offenbart sich in diesen Erfindungen, ein Wille, der auch vor seltsamen Gebilden nicht zurückschreckt, der der Idee von Luxus und Repräsentation die Brauchbarkeit, Zweckbestimmung unterordnet. Selbst die primitivsten, menschlichen Bedürfnisse geben Anlaß zu zeremoniellem Schaugepränge. Im Schlafzimmer ist der Alkoven durch einen eigenen Einbau abgegrenzt: er ist in eine Bühne verwandelt, die durch Balustrade und Vorhang abgetrennt, hervorgehoben ist. An sich gibt dieser Einbau durch Überschneidung, Durchblick und Abdunklung dem Raum echt malerisch barocken Reiz, so sehr auch das Überschwellende der Formen bedrückt. Hier, an diesem Einbau, an dem die ursprüngliche Absicht klarer zum Ausdruck kommt als im Schlafzimmer, in dem durch die späteren Veränderungen des 18. Jahrhunderts der originale Eindruck gestört ist, zeigt sich die malerische Absicht dieser Architektur deutlich. Die Aufwärtsbewegung in der Wand ist durch die Verkröpfung, durch ein überleitendes Gesims, viel unmittelbarer in die Decke übergeführt, als in den Steinzimmern, wo ein Fries die Gelenke trennt. Es beginnt hier schon eine Verschmelzung, die in den Rokokozimmern Effners und Cuvilliés weiterentwickelt wird, bis sie eine letzte Lösung im Spiegelzimmer und Schlafzimmer der Reichen Zimmer findet. Zum prunkvollen Formenschwall der Zierformen in den Päpstlichen Zimmern stimmt auch der schwulstige, geschraubte Gedankeninhalt, der in Emblemen, Zieraten und vor allem in den Deckengemälden niedergelegt ist. Die Allegorien von Triva im Schlafzimmer und Grottenzimmer mit den Verkörperungen abstrakter Begriffe, die leichter verständlichen Symbole und Drolerien, die die Qualen liebeskranker Herzen versinnbilden, im Herzkabinett, dem Boudoir der Fürstin, das früher Liebeszimmer benannt wurde, die Darstellungen verschiedener Audienzen bei Fürsten fremder Völker, die J. H. Schönfeld und Kaspar Amort im Goldenen Saal gemalt haben, alle führen den Beschauer auf das schwer verständliche Gebiet der Versinnbildung abstrakter Ideen, auf dem sich die zum Transzendenten neigende Barockkunst gerne bewegt. An das Wissen des Betrachters stellt diese Malerei ein starkes Maß von Anforderungen; ohne die alten Erklärungen wäre der Inhalt überhaupt nicht verständlich.

Die Päpstlichen Zimmer sind nicht ganz erhalten geblieben. Ein Flügelbau mit der Bibliothek, dem Rosen- und Liebeszimmer, der sich an Stelle des heutigen Königsbaues längs des Südrandes des Residenzgartens hinzog, ist verschwunden. Reste davon bewahrt das Nationalmuseum. Auch in den vorhandenen Räumen hat die spätere Zeit modernisierend eingegriffen. Die Kamine sind im 18. Jahrhundert verändert worden. Der Schreibtisch in Bouletechnik (mit Metalleinlagen) im Vorraum des Schlafzimmers, mit dem Monogramm des Kurfürsten Karl Albert, ist eine süddeutsche Arbeit des frühen 18. Jahrhunderts. Der Konsoltisch im gleichen Raum verrät die Erfindung Effners; ähnliche Beispiele stehen in den Trierzimmern und in Nymphenburg. Aus der gleichen Zeit ist auch das Prunkbett im Alkoven mit dem schweren Rokokoornament in Silberstickerei.

Die Wohnzimmer aus der späteren Barockzeit, aus der Bauperiode des Graubündener Architekten Enrico Zuccali sind nicht mehr erhalten und damit fehlt ein für die künstlerische Entwicklung wichtiges Zwischenglied. An Stelle dieser kurfürstlichen Sommer- und Alexanderzimmer entstanden unter Kurfürst Karl Albert die wertvollsten Innenräume der Münchner Residenz, die Reichen Zimmer.

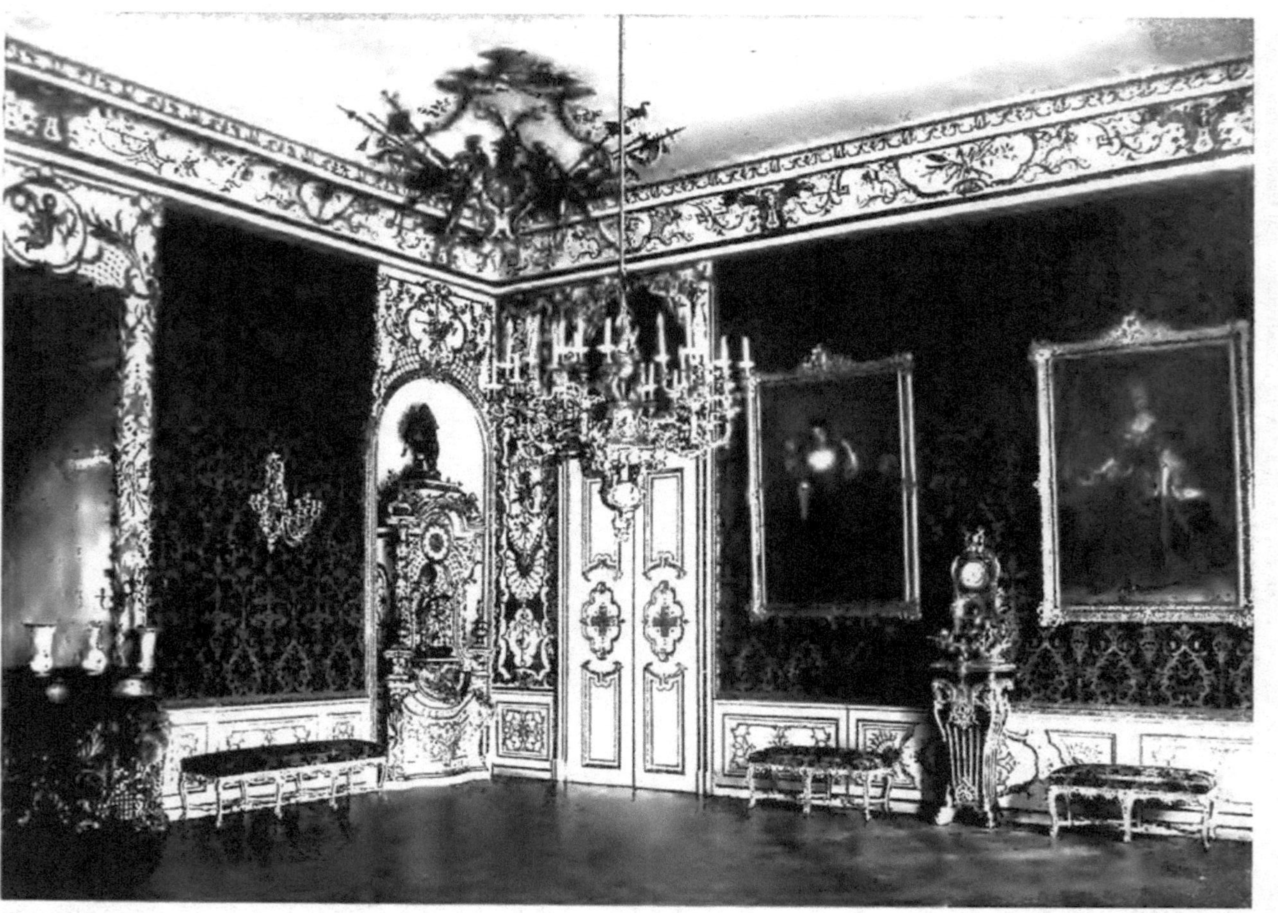

REICHE ZIMMER — AUDIENZSAAL

Phot. Riehn & Reusch, München

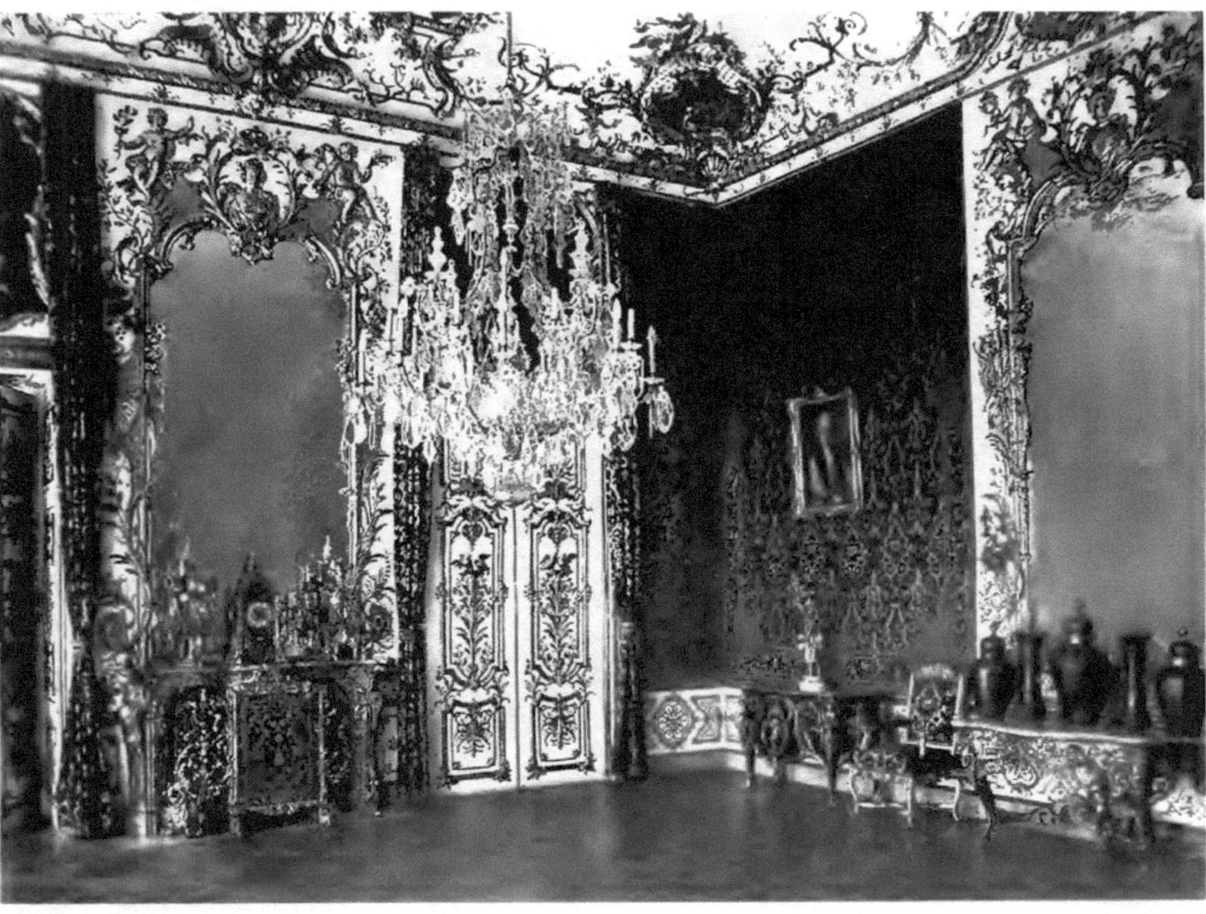

REICHE ZIMMER — SALON

Phot. Riehn & Reusch, München

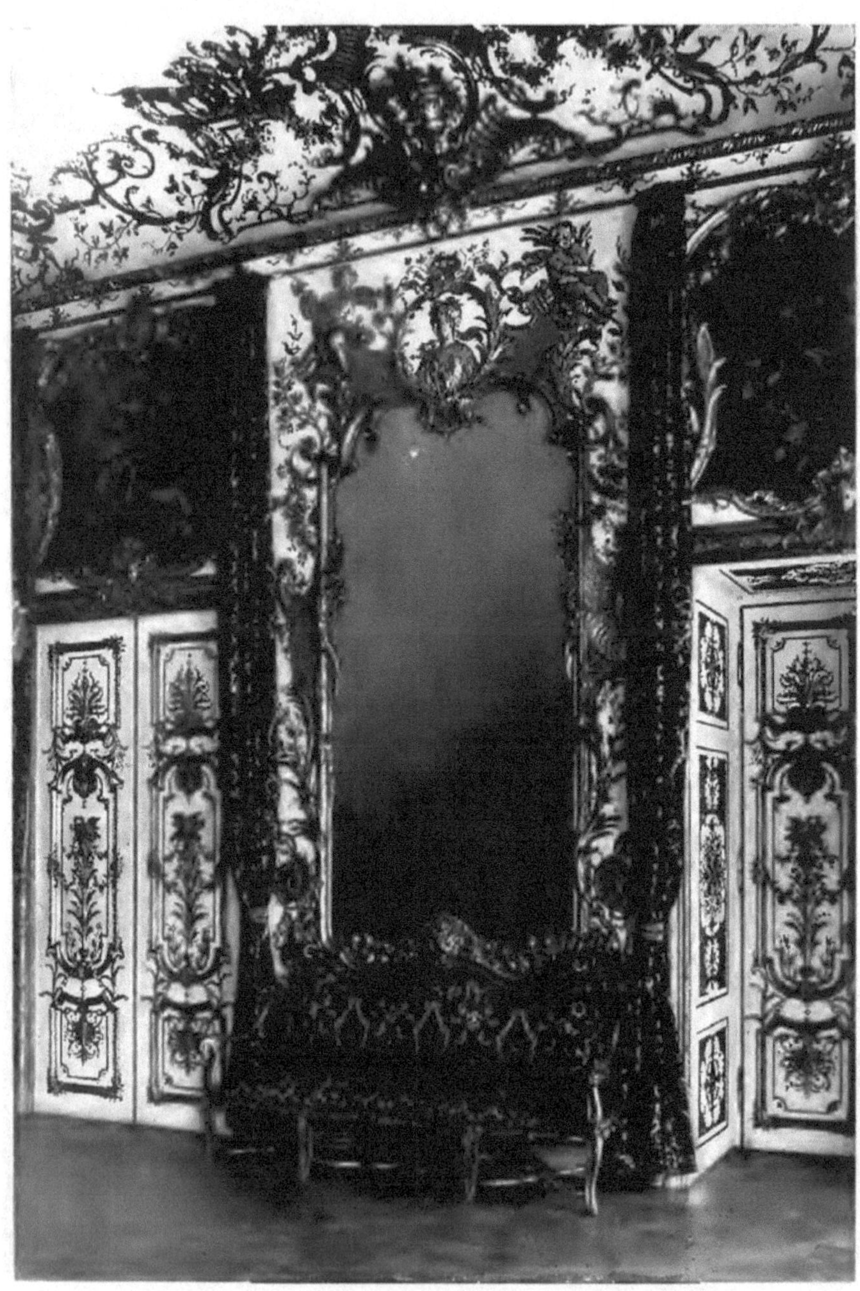

Phot. Riehn & Reusch, München

REICHE ZIMMER: AUS DEM SALON

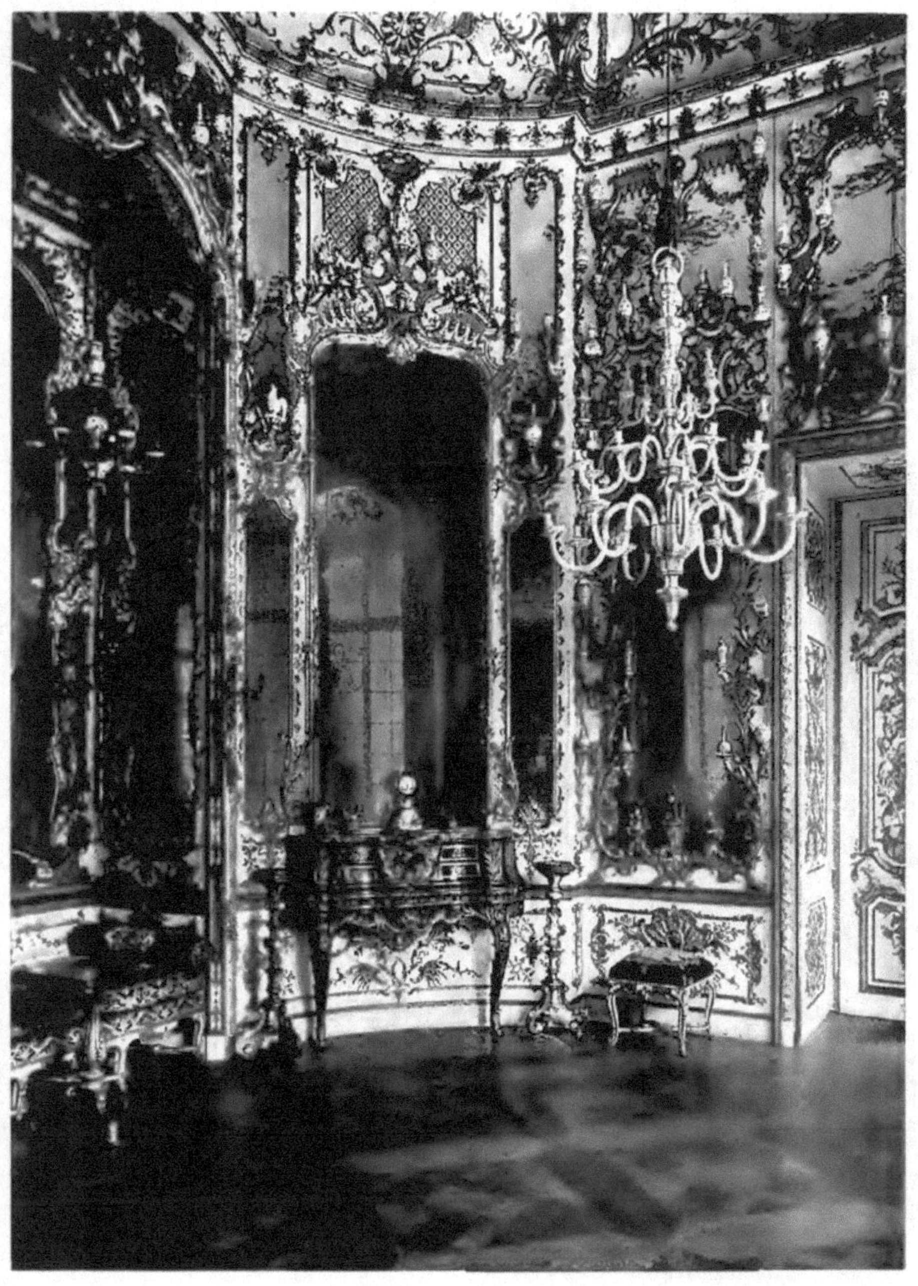

REICHE ZIMMER SPIEGELZIMMER

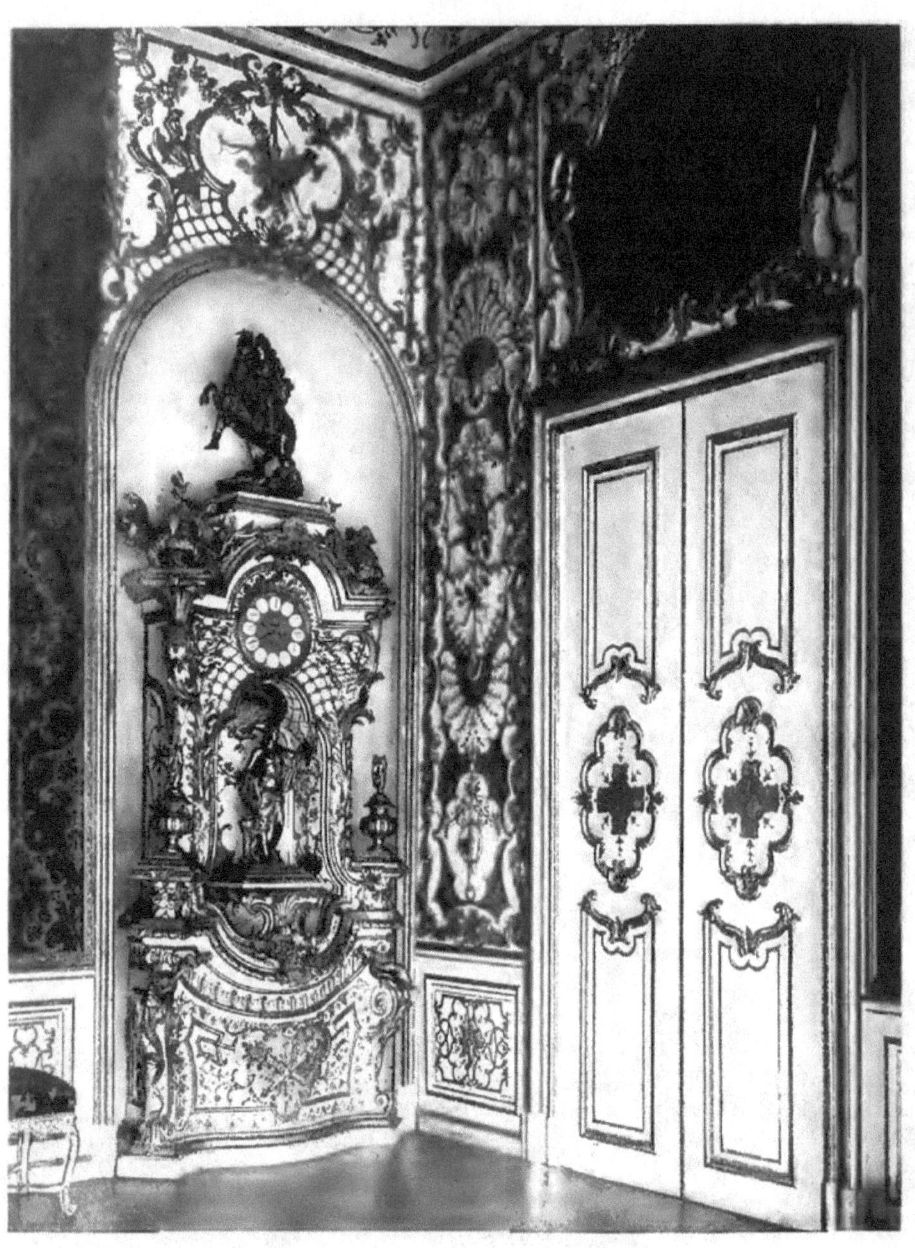

Phot. Folkwang-Verlag,
Hagen i. W.

▫ REICHE ZIMMER ▫
UHR IM AUDIENZSAAL (s. Abb. S. 22)

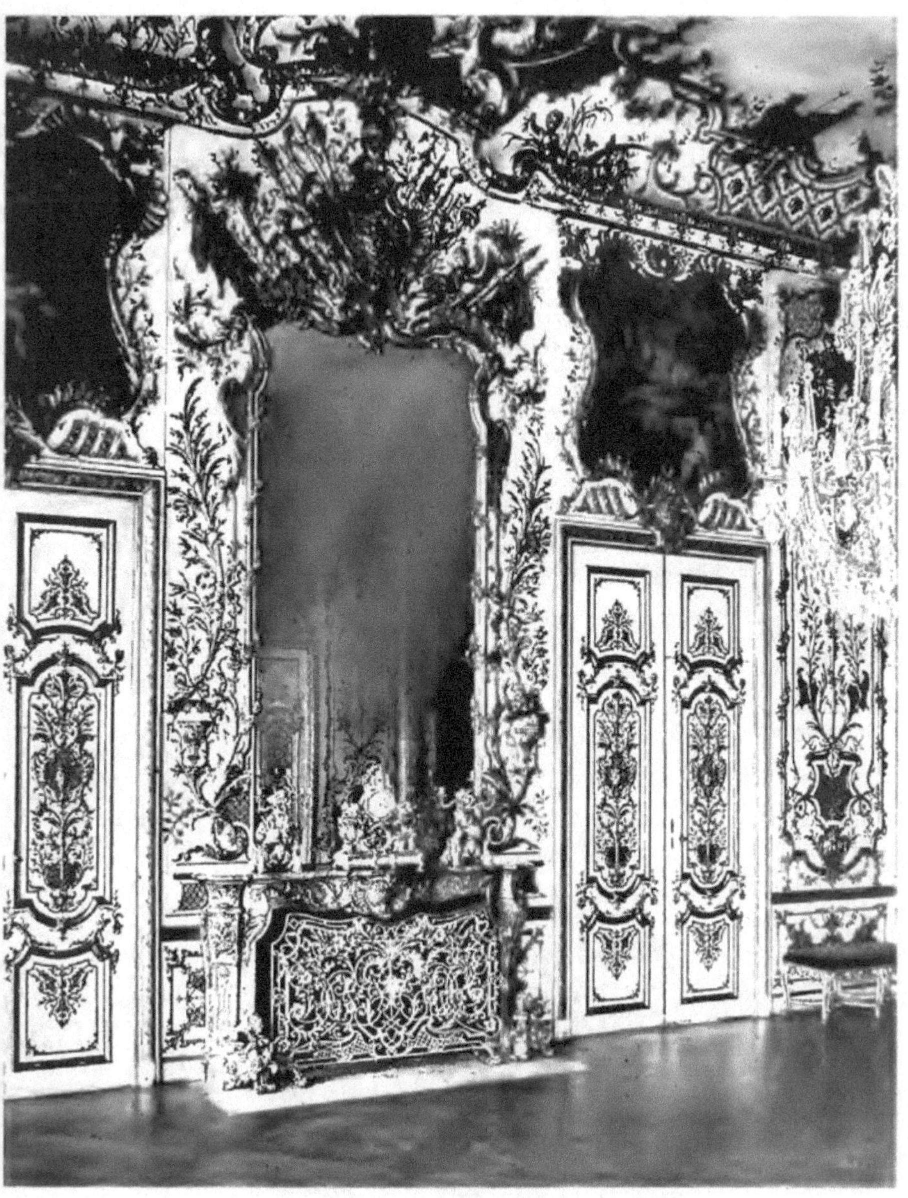

Phot. Riehn & Reusch, München

REICHE ZIMMER: SCHLAFZIMMER

## DIE REICHEN ZIMMER

Die Reichen Zimmer sind mit der Amalienburg im Nymphenburger Park der Höhepunkt des frühen Rokoko, ein Höhepunkt deutscher Kunst überhaupt. Der Satz mag zunächst etwas seltsam erscheinen, da man im allgemeinen immer noch dazu neigt, das deutsche Rokoko als Ableger französischer Kunst zu betrachten, die Architekten dieser Räume, Effner und Cuvilliés, nur als Schüler französischer Meister einzuschätzen. Es ist richtig, daß seit den Zeiten des Kurfürsten Max Emanuel die französische Kunst in München Boden gefaßt hatte. Die verwandtschaftliche Verbindung des Kurfürsten mit dem französischen Königshaus, sein Aufenthalt im Ausland während der Zeit seiner Verbannung, die durch beide Umstände bedingte Geschmacksrichtung des Kurfürsten, alles das öffnete der französischen Kunst die Tore, leitete sogar den direkten Import französischer Kunst in die Wege. Ebenso ist es richtig, daß die beiden Architekten der Reichen Zimmer in Paris gelernt haben. Joseph Effner, ein geborener Dachauer, war um 1710 dort und ist Schüler Boffrands geworden. François Cuvilliés, der Wallone aus Soignies im Hennegau, der seit seiner Jugend im Dienste Max Emanuels stand, der in München lernte, seine ersten künstlerischen Eindrücke bekam, wurde zum Studium der Architektur 1720 nach Paris in die Lehre François Blondels geschickt. Die hohe Schule der Pariser Akademie hat beiden gleichsam das Vokabularium und das metrische Schema für den neuen, eigenen Inhalt gegeben, sie hat nicht die künstlerische Selbständigkeit unterdrückt. Wenn auch die architektonische Gliederung dieser Räume dem französischen, richtiger gesagt, dem internationalen Vorbild nachempfunden ist, die deutsche Eigenart drängt sich mit Macht vor, so sehr, daß die Räume in Frankreich unmöglich wären, daß sie in dem Reichtum der Erfindungen, in der Überfülle der Phantasie, in der freien Folgerichtigkeit der leitenden Ideen von französischen Kritikern nicht mehr verstanden wurden. Wie der Stil des italienischen Barock in Deutschland, in den süddeutschen Bauten der Asam und in österreichischen Kirchen, seine letzte Erfüllung gefunden hat, so wurde auch das französische Rokoko in Deutschland zur letzten Ausdrucksfähigkeit getrieben. Dafür bilden die Reichen Zimmer mit die wirkungsvollsten Beispiele.

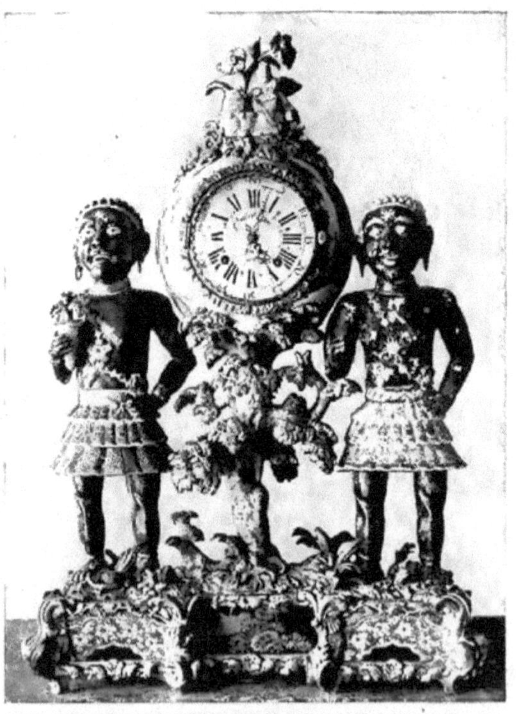

UHR AUS CHINAPORZELLAN MIT FRANZÖSISCHER BRONZE

1725 wurden auf Befehl Max Emanuels die Reichen Zimmer durch Effner begonnen. Kaum waren sie vollendet, zerstörte der Residenzbrand von 1729, dem eine Reihe berühmter Kunstwerke zum Opfer fiel, den südlichen Teil der Zimmer. Nur drei, Empfangssaal, Audienzsaal und Thronsaal sind aus dieser ersten Bauperiode erhalten geblieben. Der Ausbau der zerstörten Räume wurde nach Max Emanuels Tod von Kurfürst Karl Albert nicht mehr Effner anvertraut, der damals in Nymphenburg und Schleißheim tätig war, sondern Cuvilliés, der ihn in den Jahren von 1729–1737 zu Ende führte. Die stärkere Begabung, die größere Modernität des jüngeren Meisters mögen die ausschlaggebenden Gründe gewesen sein. Die frischere Kraft und die modernere Gesinnung, trotz der geringen Zeitdifferenz, sind auch in den Räumen deutlich erkennbar, obwohl die ausführenden Handwerker die gleichen geblieben sind. Dieser wichtige Umstand darf nicht übersehen werden. Es sind einheimische Handwerker, Handwerker von Gottes Gnaden möchte man sie nennen diese Kistler und Bildhauer Adam Pichler, Joachim Dietrich, Wenzeslaus Miroffsky, den Stukkator Johann Baptist Zimmermann, die hier unter Oberleitung der Architekten tätig waren. Künstler, die an anderen Orten, vor allem in altbayerischen Kirchen auch selbstschöpferisch tätig waren. Trotz der Bestimmung, daß „alles nach verfaßtem Riß und nach Anordnung des Baumeisters zu schnitzen" sei, darf man annehmen, daß in den Panneaux, in den Stukkaturen nicht eine sklavische Wiedergabe vorgeschriebener Gedanken des Architekten gegeben ist. Wahrscheinlicher ist, daß es sich um eine getreue Interpretation mehr im allgemeinen vorgezeichneter Erfindungen handelt, die gelegentlich auch eine Variation erlaubte. Und diese kleinen Abweichungen von der Regel, für die gerade die Fülle ornamentaler Gedanken Raum bot, bestimmen schließlich doch das Gesamtbild.

Die Hauptkennzeichen der Effnerschen Zimmer gegenüber den späteren Räumen Cuvilliés liegen in der größeren Einfachheit, Gebundenheit, Strenge. Die Horizontalgliederung (durch Lambrissockel und Hohlkehle) ist in den ersten Räumen klar durchgeführt, in ruhigem Gleichmaß zu den Spiegelfeldern und Paneelen. Aus Symmetriegründen sind den eigentlichen

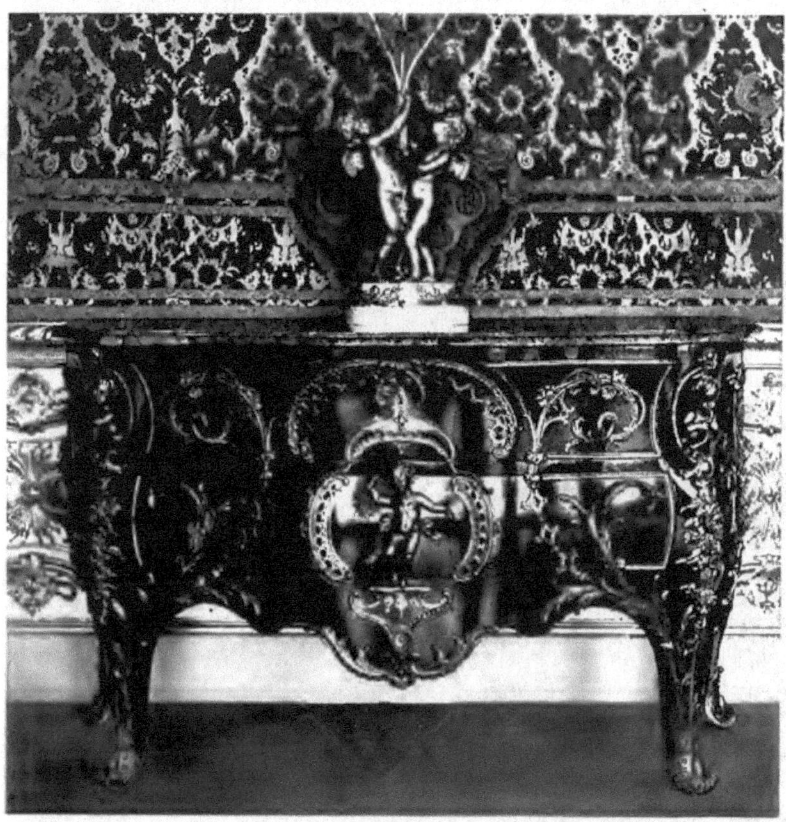

REICHE ZIMMER KOMMODE VON CRESSENT IM SALON (s. Abb. S. 23)
Phot. Riehn & Reusch, München

Türen entsprechende Blendtüren angebracht, die Öfen von Antonio Chanovese und Härtel in den Rundnischen erhalten ein Pendant, oder wie im Audienzsaal, als Gegenstücke eine Uhr in einem großen Holzgehäuse, das die Reiterfigur Ludwigs XIV. von Gobert krönt. Die stehenden Flächen dominieren durch die Vertikalgliederung, die bedingt ist durch die bereits vorhandenen Fensterachsen. Die Hohlkehle wölbt sich in leichtem Schwung zur Decke, deren helle unbemalte Fläche trotz der dunkelroten Wandbespannung und der Vergoldung den Eindruck lichter Feierlichkeit bestimmt. Die Vermittlung der Decke mit der Wand stellen die Eckfüllungen her, luftige Gebilde, die in einzelnen Dekorationsmotiven über das Kranzgesims herabgreifen, die in der Diagonale nach der Mitte zu aufstreben; sie sind für den Gesamteindruck wichtig, weil sie die aufstrebende Bewegung der Wand unmittelbar in die Decke überleiten. Diese Bewegung, die hier mehr angedeutet ist, die vor allem im Zug der azentrisch angelegten, nach oben sich aufrankenden Panneaudekoration ausgedrückt ist, bekommt im Thronsaal schon bestimmten Fluß. Die Wandfelder sind durch die architektonische Disposition schmäler geworden, sie streben in die Höhe; die breite Hohlkehle ist verschwunden, nur eine dünne Leiste bildet das architektonisch notwendige Trennungsglied, und auch diese rollt sich in den Mittelachsen auf, richtet sich empor und zieht sich unmittelbar in die viel reichere Stuckdekoration der Decke hinein. Es ist wahrscheinlich, daß Cuvilliés, der nachweisbar diesen Raum veränderte, die Stuckdekoration entworfen hat, wenn er auch die Effnersche Disposition der Wände beibehalten hat. Die architektonischen Gedanken, die in den folgenden Räumen, vor allem in dem zeitlich am nächsten stehenden Schlafzimmer von 1731 in viel reicherer Fülle, vielleicht in prononciert deutlicher Fassung zur Darstellung gebracht sind, sind hier zurückhaltend ausgesprochen. In diesem ganz von Cuvilliés angelegten Schlafzimmer ist alle tektonische Strenge geschwunden. Von den tektonischen Elementargesetzen sind nur noch Symmetrie und Rhythmus in der Gruppierung beibehalten. Die Türen und Blendtüren mit den darüberstehenden Supraporten, sowie die Spiegelpanneaux geben die festen Markierungspunkte. Die Wandfelder treten als solche gar nicht mehr in Erscheinung. In der Dekoration sind die abstrakt linearen Motive zurückgedrängt, das vegetabilische Ornament tritt mit größerem Eigenwert

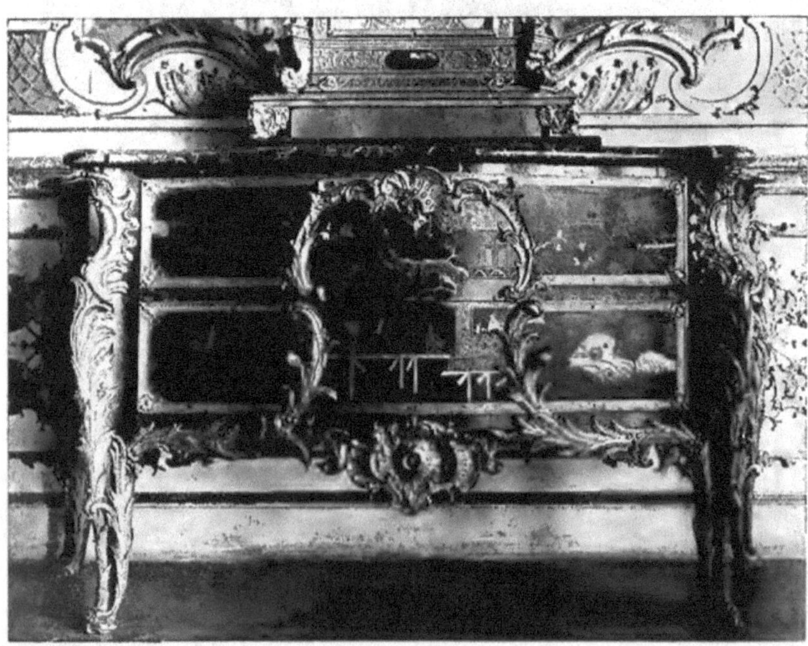

REICHE ZIMMER — Phot. Dr. Feulner — KOMMODE

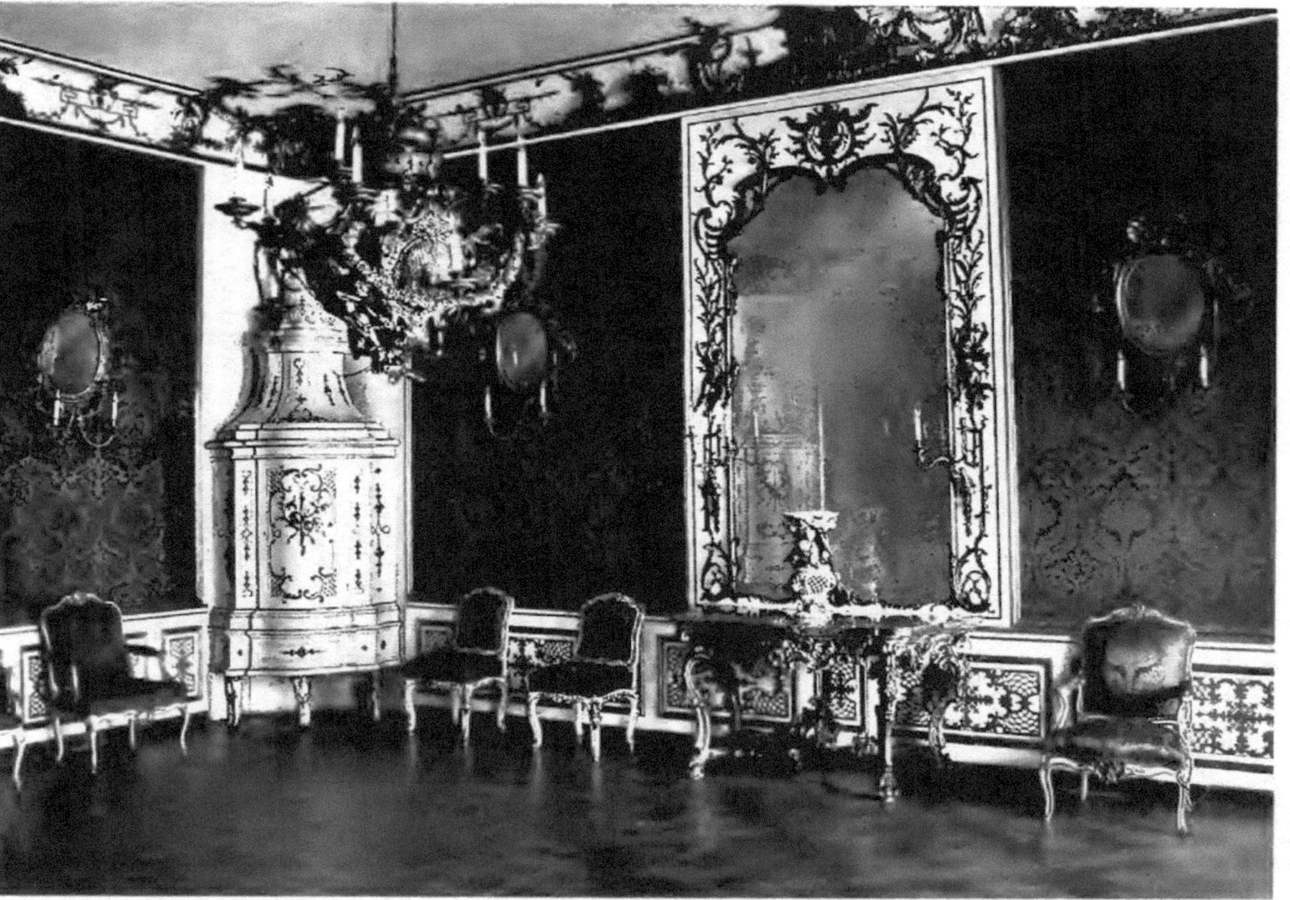

KURFÜRSTENZIMMER — SPEISESAAL

Phot. Riehn & Reusch, München

auf, die sprossenden, nach oben sich rankenden Blüten, Zweige, Palmen, die auch die geraden Linien der architektonisch unentbehrlichen Randleisten umspielen. Sie sind in Akzenten verteilt, auf die Ecken und die Mittelpunkte der Seiten, die Achspunkte, in Motiven, die achsial emporstrebend Verbindung mit der zentralen Deckenrosette suchen, sie sind nicht in dichten Massen aufgetragen, sondern luftig, aufgelöst, fast wie zufällig angeflogen. Ein Gegensatz von Stütze und Last, von aufstrebenden Wandfeldern und Decke besteht nicht mehr. Mühelos, wie frei gewachsen, steigt die zarte Vegetation in straffen Kurven empor; die Gesimse am Kämpfer werden nicht als trennende Linien empfunden, da sie selbst an den betonten Zentralstellen, die dem architektonischen Gefüge Halt geben, in die Bewegung hineingezogen werden. Die Hohlkehle ist überwuchert von dem leichten Gerank, in das hier, mehr als in den anderen Zimmern, Figurales verflochten ist, Putten, die sich tummeln, Nymphen mit Emblemen, mythologische Gestalten mit allegorischer Bedeutung, Tiere und Fabelwesen; auch Draperien sind verwendet und selbst die unfaßbarsten aller Formen, Wolken, Dunst und blinkende Sterne. Die Vorliebe für das Vegetabilische, für das Objekt an sich, steht im ausgesprochenen Gegensatz zur strengeren Tektonik französischer Rokokoarchitektur. Zwar bleiben auch hier alle Motive im Zug des Ornamentalen, sie bekommen keinen direkten Eigenwert als unabhängige Plastik, aber sie sind doch soweit selbständig, daß sie sich von der Fläche lösen. Die dritte Dimension spricht schon mit, am meisten im Spiegelkabinett (1732), das durch die unregelmäßige, zentrale Grundrißfiguration, durch den Alkoveneinbau an sich schon aufgelöst ist. Die Wandfelder sind hier in ein Gerüst zusammengeschrumpft, durch dessen Öffnungen der unendliche Raum ungehemmt hereinflutet. Alle faßbaren Grenzen sind verschwunden, die Wand hat ihren schließenden Charakter vollständig verloren, überall täuscht der Spiegel eine unendliche Flucht weiter Räume vor. Die naturalistische Dekoration mit den kleinen chinesischen Vasen verhindert vollends die Möglichkeit, die raumschließende Fläche sich ins Gedächtnis zurückzurufen. Wie im Ovalsaal der Amalienburg ist hier mit anderen Mitteln eine letzte Möglichkeit der Raumgestaltung erreicht. Es ist aber nur eine Möglichkeit, gleichsam ein Ausdrucksmittel, nicht die letzte Folgerung aus einer festgelegten Entwicklung. In den späteren Zimmern, im Miniaturenkabinett von 1732, sind die Wandflächen mit dem filigranfeinen Schnitzwerk Joachim Dietrichs übersponnen, die begrenzten Flächen sind schon durch die Abtönung des Grundes in pompejanischrotem Lack zum Bewußtsein gebracht; nur die Decke ist durch die Malerei aufgelöst, und durch das goldene Gitterwerk der Ornamentik fliegen die naturalistisch gemalten Vögel lustig aus und ein. Das Wohnzimmer von 1733, in der schönen alten Wandbespannung mit rotem, sogenanntem Genueser Samt, einer der edelsten Räume der ganzen Folge, schließt sich in der strengen Gehaltenheit der Disposition an die vorhergehenden Effnerschen Säle an. Wo fürstliche Repräsentation und die Zweckbestimmung des Raumes wieder eine andere Art des Ausdrucks forderten, griff Cuvilliés unbedenklich auf ältere Normen zurück. In der Grünen Galerie (1733—34), die durch die Wegschneidung des zweiten Querflügels bei der Errichtung des Königsbaues unter Ludwig I. viel vom Raumrhythmus verloren hat, bringt die Bestimmung als Gemäldegalerie mit den nach alter Gewohnheit plakatmäßig übereinander gehängten Bildern eine Flächendekoration mit sich, die über die Anschauungen des 18. Jahrhunderts viele Aufschlüsse bringt, aber künstlerisch keine Lösung bedeutet.

In allen Zimmern beruht die Wirkung auf der intakten Originalität. Das Mobiliar stammt zum größten Teil aus der Erbauungszeit. Die Konsoltische gehen auf den Entwurf Cuvilliés zurück, sie sind in München geschnitzt von den Meistern der einzelnen Zimmer, wie die einfachen Stühle, die Taburetts, das Sofa im Salon. Künstlerische Absicht ist die unbedingte Einheitlichkeit. Die Möbel wollen schon durch die gleichen Bezüge mit der Wandbespannung zusammen gesehen werden. Sie sind auch durch den Aufbau unmittelbar mit der Wand verschmolzen. Man betrachte das Sofa im Salon. Die kurvierte Abschlußlinie der Lehne ist eingefügt in den unteren Rand des Spiegels, die Drachen des Wandfeldes ringeln ihre Schwänze über die obere Leiste der Lehne; nach der Abbildung ist es fast unmöglich zu erkennen, daß das seitliche Abschlußstück der Lehne zum Sofa und nicht zur Dekoration des Wandfeldes gehört. Aus der Werkstätte Groffs in München ist die Spiegelkommode im Spiegelkabinett, mit dem schweren, sorgfältig bearbeiteten Bronzebeschläg, das die gleiche Form und Technik aufweist wie die Beschläge an den Marmorkaminen, die Johann Baptist Zimmermann entworfen hat. Von Groff sind auch die schönen Feuerhunde modelliert. Die prachtvollen Kommoden im Salon mit dem reichen, eleganten Beschläg, das frei die Vorderwand überspielt, ohne Rücksicht auf die einzelnen Schubfächer, mit den Eckputten, die an andere

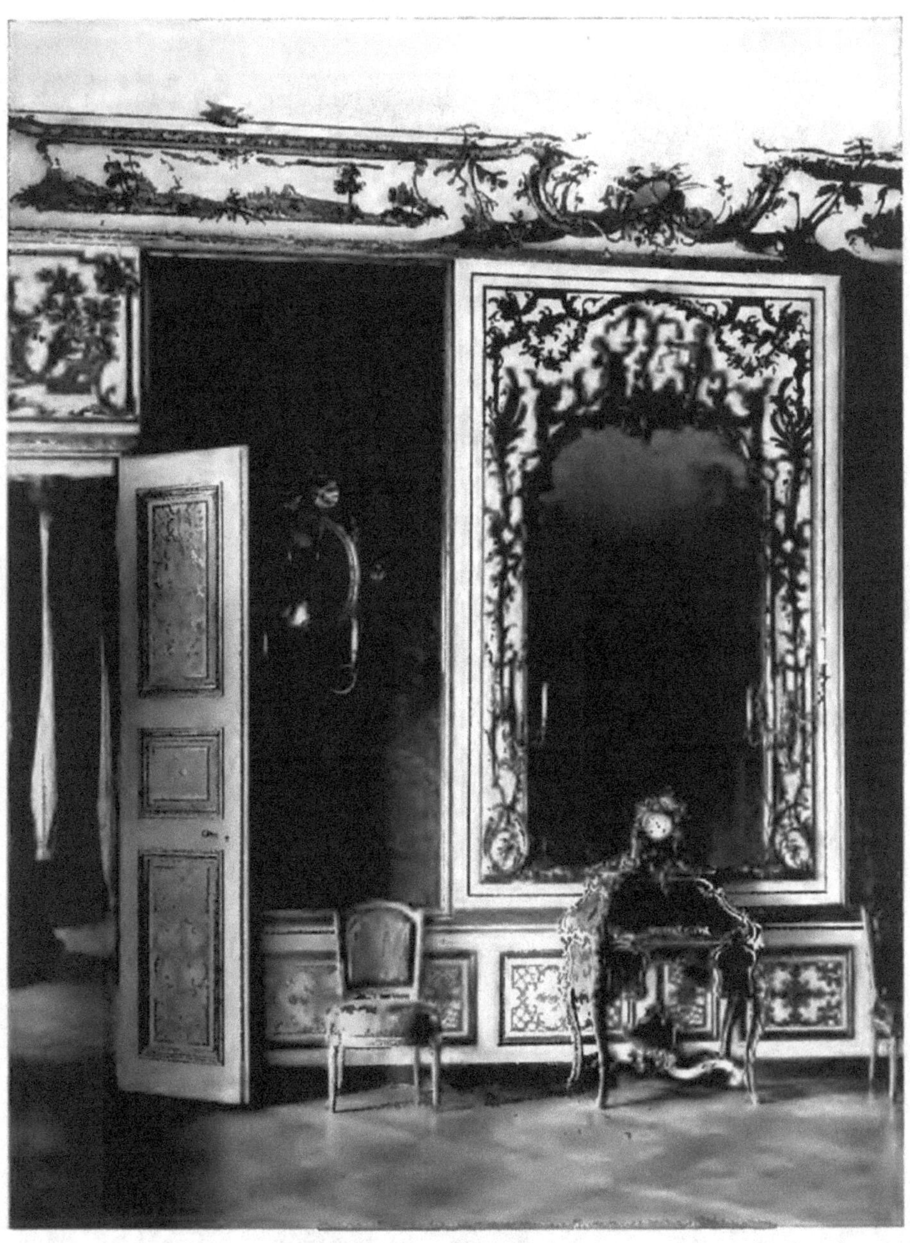

Phot. Folkwang-Verlag, Hagen i. W.

KURFÜRSTENZIMMER
AUS DEM SCHLAFZIMMER (s. a. Abb. S. 34 u. 37)

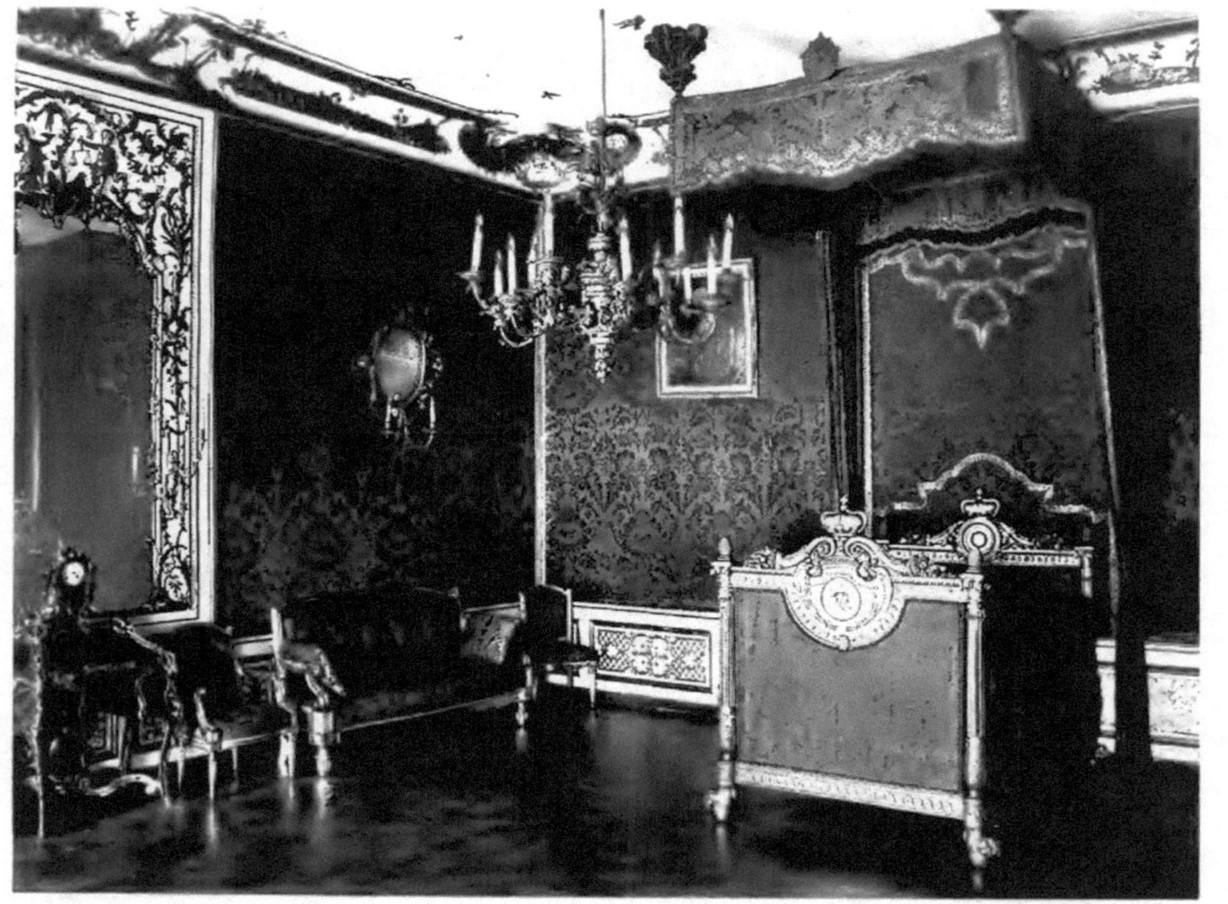

KURFÜRSTENZIMMER — SCHLAFZIMMER

Phot. Riehn & Reusch, München

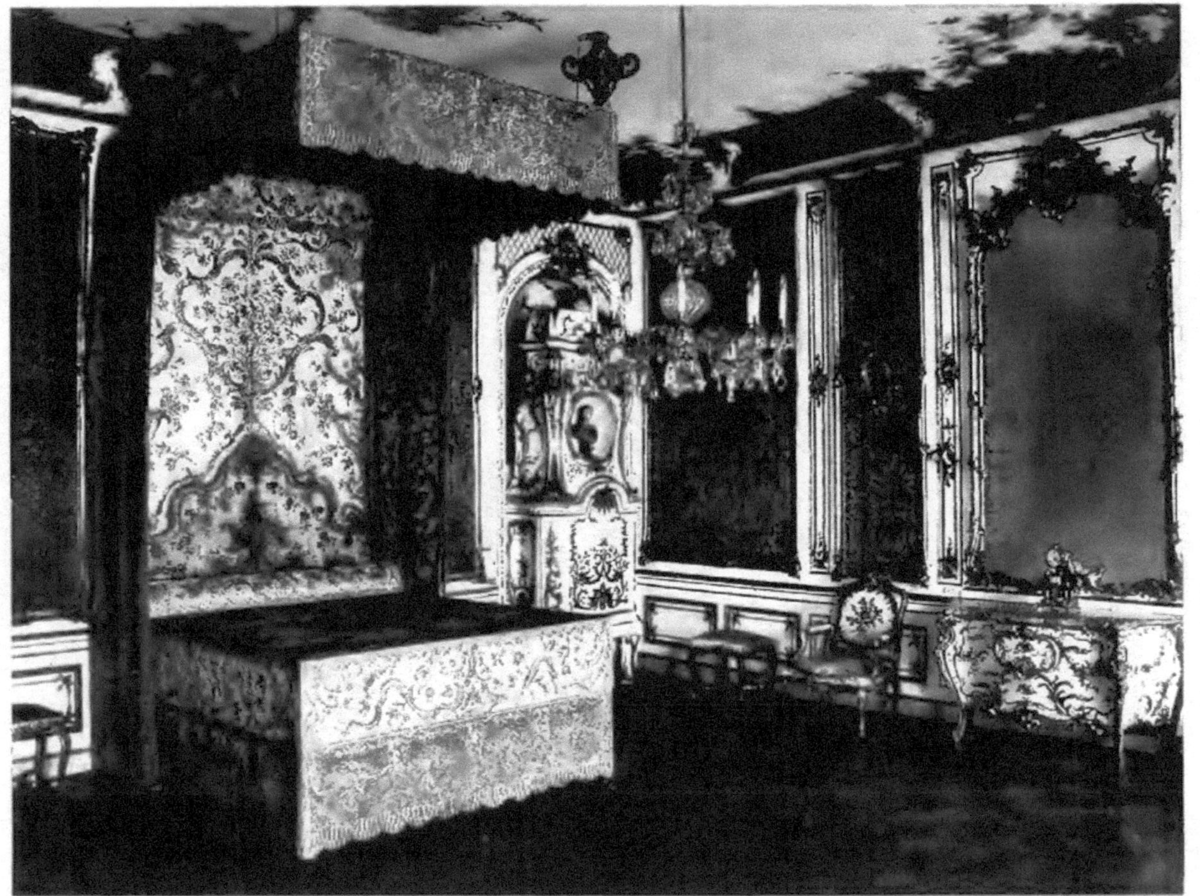

KURFÜRSTENZIMMER SCHLAFZIMMER (s. a. Abb. S. 36 u. 38)

Phot. Riehn & Reusch, München

Arbeiten des berühmten Ebenisten Cressent erinnern, sind französische Arbeiten um Mitte des 18. Jahrhunderts, sicher aus Cressents Atelier. Daß sie nicht signiert sind, wie die meisten französischen Möbel, die wie andere Kunstwerke, wie Bilder und Figuren den Namen des Meisters tragen, ist kein Beweis dagegen. Bei bestellten Möbeln ist die Signatur oft weggeblieben. Prachtvoll sind auch die Lackkommoden im Schlafzimmer und Spiegelkabinett, besonders hervorragend in der Qualität der Bronze. Ich möchte sie als Arbeiten des Meisters B. V. R. B. bezeichnen, von dem wir nur die Anfangsbuchstaben seines Namens kennen, der nach der Qualität seiner Arbeiten einer der besten Pariser Ebenisten genannt werden darf. In den Kurfürstenzimmern stehen auch signierte Möbel. Nicht alle Möbel sind ursprünglich in den Reichen Zimmern gestanden, aber alle fügen sich dem Gesamtbild vollständig ein. Die hohe Qualität der künstlerischen Leistung an sich, ohne Rücksicht auf die zeitlichen Unterschiede des Stiles bildet das bindende Element. Darum scheinen auch die Girandolen, die Armleuchter, die Kamingarnituren mit dem chinesischen Porzellan in ausgezeichneter französischer Bronzemontierung wie ursprünglich für die Reichen Zimmer gefertigt zu sein. Auch unter diesen Nippsachen und Vasen sind Kunstwerke von hohem Range.

Von den Gemälden sind hervorzuheben: Kurfürst Max Emanuel, ein Pastell von Vivien, im Empfangssaal, der hl. Jakobus von Ribera im zweiten Audienzzimmer und das großfigurige, barocke Werk von Abraham Janssens „Polyphem erschlägt den Akis", das mit dem noch nicht bestimmten Gegenstücke, „Joseph und Potiphar" schon im 18. Jahrhundert im Thronsaal hing und deshalb neuerdings wieder aufgehängt wurde. Die wichtigsten Bilder der Grünen Galerie, in der Originale von Rubens, Snyders, Aart de Gelder, Jan Lys, Roland Savery, Amberger und anderen sich befinden, verzeichnet der kleine Führer.

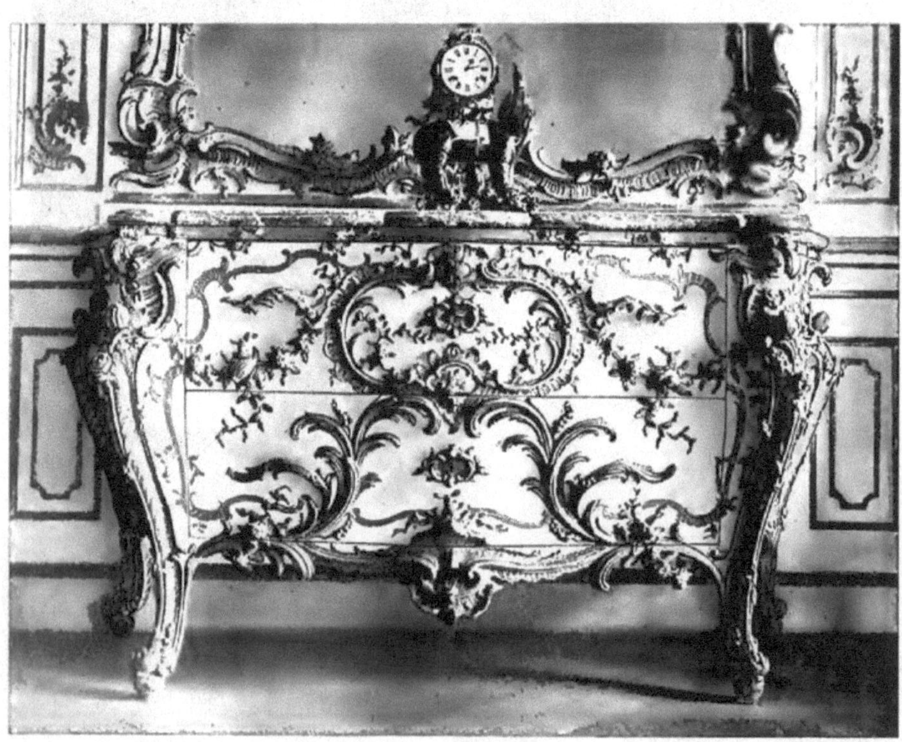

KURFÜRSTENZIMMER KOMMODE IM SCHLAFZIMMER (s. Abb. S. 35)

Phot. Folkwang-Verlag, Hagen i. W.

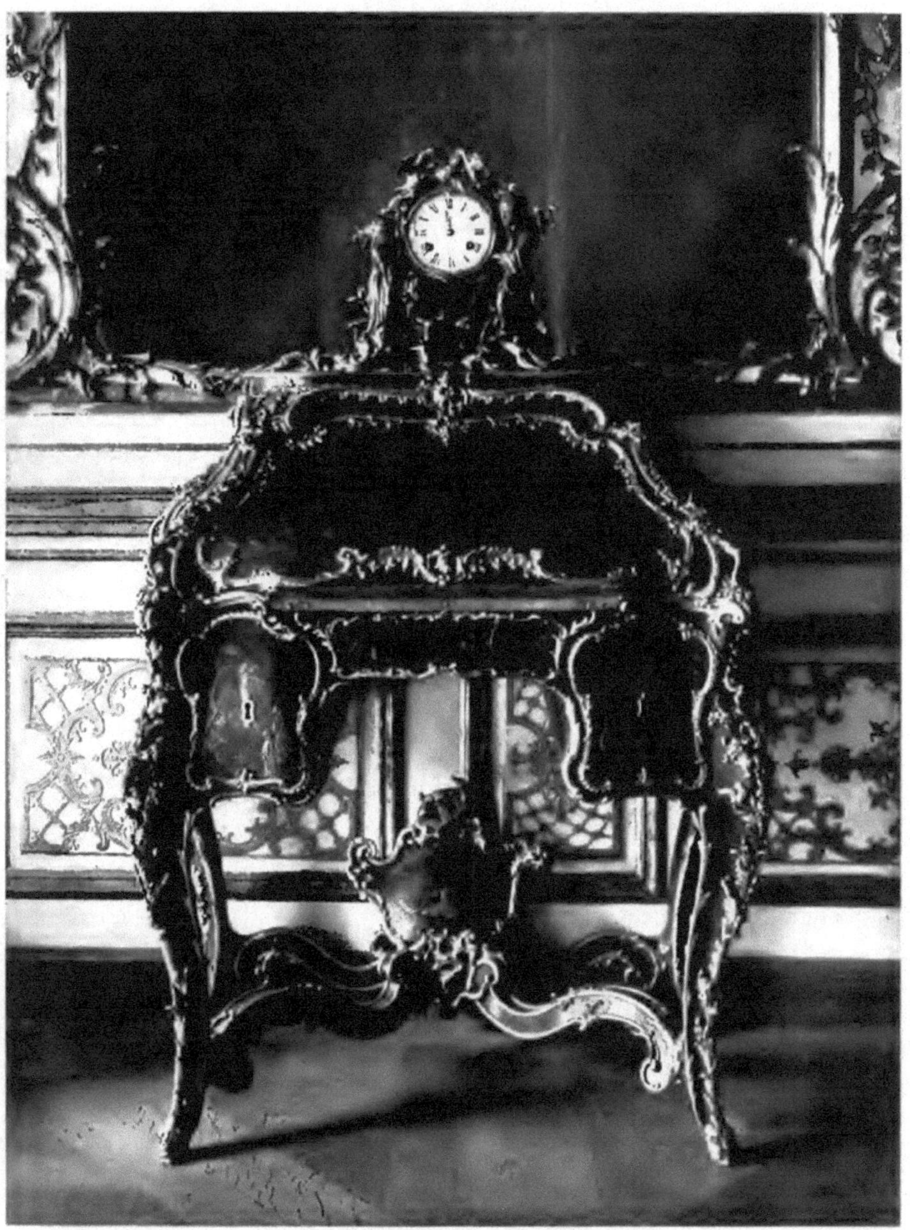

Phot. Folkwang-Verlag,
Hagen i. W.

KURFÜRSTENZIMMER: SCHLAFZIMMER. SCHREIBTISCH MIT LACKARBEIT (s. Abb. S. 33)

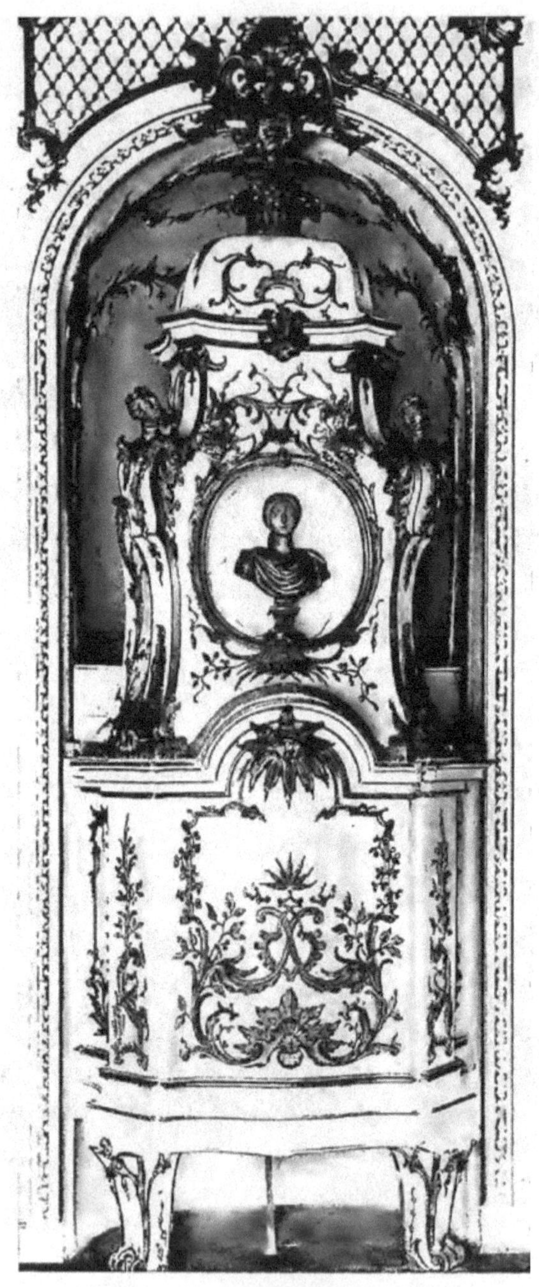

KURFÜRSTENZIMMER: OFEN IM SCHLAFZIMMER (s. Abb. S. 35)
Phot. Riehn & Reusch, München

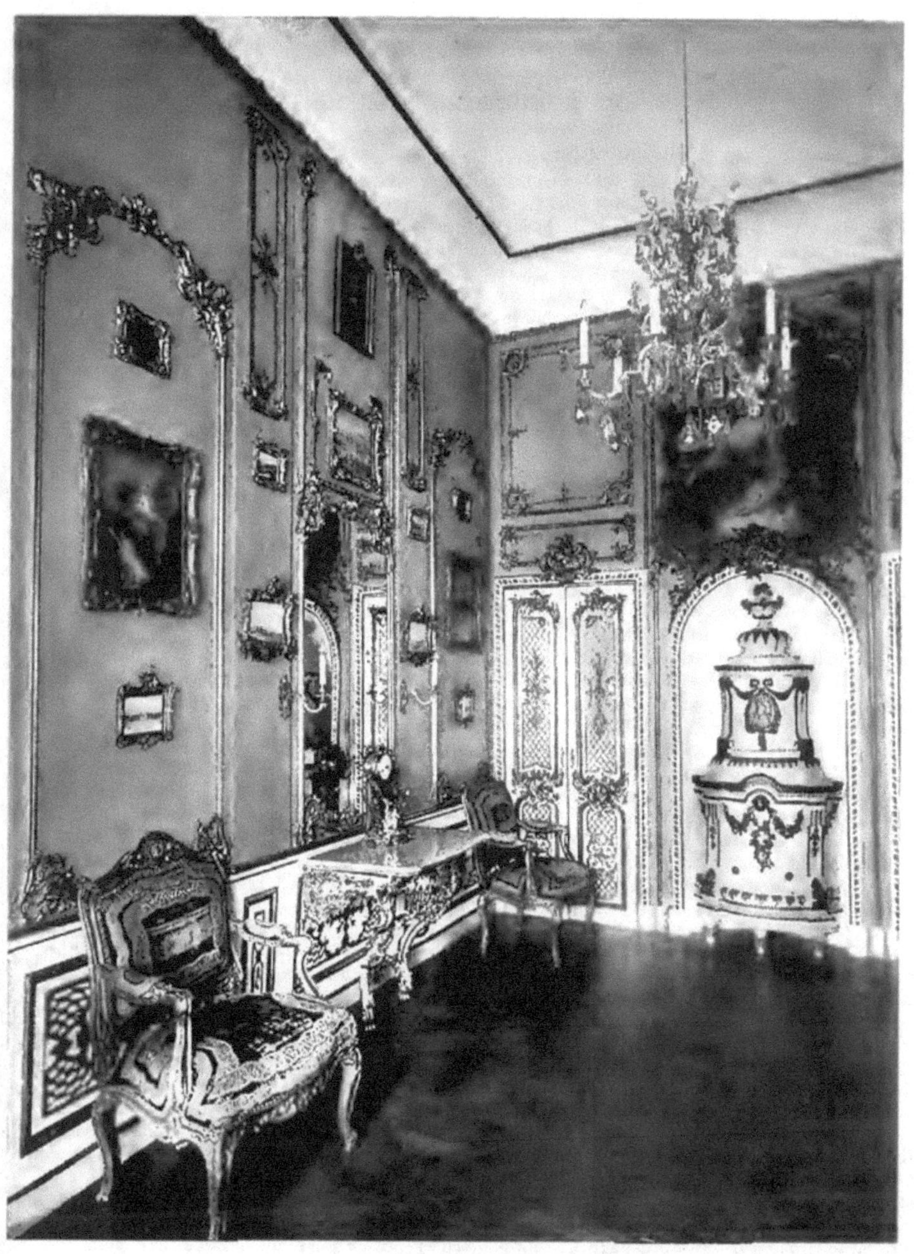

KURFÜRSTENZIMMER

AUS DER BIBLIOTHEK

## DIE KURFÜRSTENZIMMER

Nun ist es eine bekannte Tatsache, daß Wohnräume, in denen das Stilgefühl der Zeit am besten ausgeprägt erscheint, die den Zeitgeschmack gleichsam auf der Schneide balancieren, am raschesten veralten. Die Reichen Zimmer waren für den Kurfürsten Karl Albert bestimmt. Kaiserliche Zimmer wurden sie im 18. Jahrhundert genannt. Karl Alberts Nachfolger, der bürgerlich einfache Max III. Joseph, konnte sich in diesen Prunkräumen nicht mehr heimisch fühlen. Er ließ sich durch seinen Oberbaumeister Johann Gunetsrhainer von Okt. 1746 bis Juli 1748 eine eigene Flucht von Wohnräumen herrichten, die sogenannten Kurfürstenzimmer. Cuvilliés hat die Einrichtung am Schluß umredigiert, wie ein Maler, der einem Schulwerk die letzten Lichter aufsetzt. Gunetsrhainer, der unter Effner und Cuvilliés im Hofbauamt als Zeichner gedient hatte, der auch als selbständiger Architekt in kirchlichen Bauten und Adelsschlössern Gutes geleistet hat, schließt sich in der architektonischen Disposition dieser Wohnzimmer an Cuvilliés an. Ein Blick auf das hier abgebildete Schlafzimmer klärt über die Zusammenhänge auf. Die Horizontalgliederung ist durch den Lambrissockel fest betont. Die Hohlkehle wird durch eine durchgehende Leiste abgetrennt, sie ist aber nicht als eigenes Bauglied ausgebildet, sie ist verdeckt von den etwas schweren Stukkaturen mit figürlichen Darstellungen allegorischen Inhalts und geht ohne scharfe Trennung in die Decke über. Der Stukkator Feuchtmayer, ein Abkömmling der bekannten Augsburger Stukkatorenfamilie, der sich in München niedergelassen hatte, hat die Stukkaturen geschaffen. Die Decke ist in dem einen Schlafzimmer überstreut mit figürlichen Motiven, mit Nachtgetier, das sich wie zufällig in dem abendlichen Himmel bewegt. Der Gedanke, die tektonischen Grenzen aufzulösen, ist also auch hier noch wirksam. Durch die durchlaufenden Türachsen an der Fensterseite und durch die Betonung der Mittelachse durch Spiegelpanneaux sind die Wandfelder in ihrer Größe bestimmt. Die Vertikalgliederung ist von diesen zwei Voraussetzungen abhängig. Nun ist ein Umstand bemerkenswert. Die Wandfelder sind als solche klar abgegrenzt, im Gegensatz zu den Cuvilliésräumen, in denen die Dekoration die gesamte Wand zu überspielen sucht. Ferner: wenn auch in den einzelnen Feldern die stehenden Flächen noch überwiegen, die gliedernden, teilenden Horizontalen bekommen doch schon wieder besonderen Wert. Während man in den Effnerschen Zimmern die weißen Wandfelder, die Kaminrisalite mit aufstrebenden Pfeilern vergleichen kann, wofür schon die nach oben strebende Tendenz des Ornaments die Deutung gibt, bleiben hier die Wandfelder mehr als Flächen wirksam. Die ganze Architektur läßt sich charakterisieren als eine Rückbildung, als Abschwächung; die stilbildenden, leitenden Ideen treten reduziert in Erscheinung. Als Abschwächung auch in der Baugesinnung. Während in den Reichen Zimmern der Begriff der Repräsentation maßgebend bleibt, wird hier selbst Luxus und fürstlicher Prunk auf ein bescheidenes Maß zurückgeschraubt. So gut hat auch der Adel, sogar der reiche Bürger gewohnt. Das bürgerliche Zeitalter naht heran.

Die Gliederung ist den intimeren Proportionen der Räume angepaßt und vielleicht gerade deswegen von großem Reiz. In diesen kleinen Räumen kommt das Mobiliar zu ungleich größerer Wirkung. Wiederum haben die tüchtigsten, einheimischen Kräfte mitgearbeitet. Ihre Namen sind noch nicht alle bekannt. Ein vorzüglicher Münchener Schnitzer, wahrscheinlich wieder der Bildhauer Dietrich von der Au, der auch hier bei der Ausstattung beteiligt war, hat die Kommoden, die Wandarme, die ornamentalen Umrahmungen der Spiegel und Panneaux im zweiten Schlafzimmer (Abb. S. 35) gefertigt. Seine Hand ist auch an den Spiegelumrahmungen der anderen Zimmer zu erkennen, stilistisch nachweisbar am vollplastischen Muschelwerk, das mit Blumen- und Pflanzenmotiven durchflochten ist. Die (S. 36) abgebildete Kommode ist ein Meisterwerk feinen, vornehmen Geschmacks, trotz der Einfachheit des Materials, in der klaren Abgewogenheit der Proportionen und der edlen Fülle des Ornaments eine Musterleistung. Das bürgerliche Mobiliar der Zeit zeigt das Speisezimmer. Stühle von guter Form aus einer einheimischen Werkstätte sind auch im Bibliothekzimmer. Die besten Möbel sind auch in den Kurfürstenzimmern französischer Provenienz. Die Kommoden mit dem prachtvollen Bronzebeschläg im Vorzimmer (Abb. S. 42) stammen aus der gleichen Werkstätte wie die Kommoden im Salon der Reichen Zimmer, sie dürfen mit Charles Cressent in Verbindung gebracht

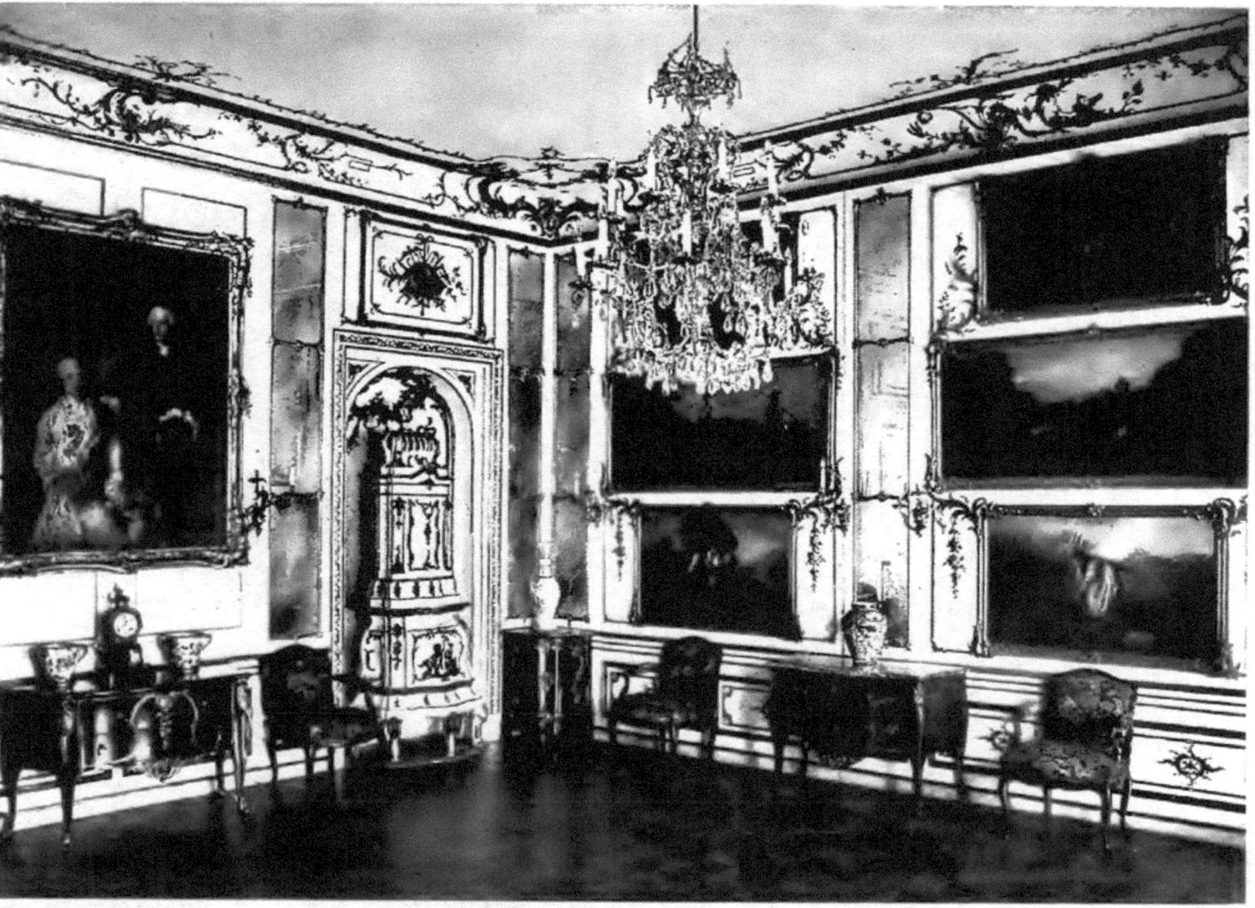

KURFÜRSTENZIMMER Phot. Riehn & Reusch, München EMPFANGSZIMMER

werden. Ein schöner Lackschreibtisch mit Klappdeckel, dessen Bronzebeschläg die freie, etwas verwilderte Rocaille zeigt, die durch die Stiche des Architekten Meissonier populär geworden ist, steht vor dem Spiegel des ersten Schlafzimmers (S. 37). Ein bestimmter Meistername ist nicht zu nennen. Man denkt an die berühmten Slodtz, aber stilistische Einzelheiten sprechen dagegen. Die Erforschung des Mobiliars steht noch in den Anfängen. Im gleichen Zimmer steht auch eine gute Garnitur im Louis-XVI-Stil aus der Werkstätte der Pariser Ebenisten Jacob. Auch das mit großer Exaktheit geschnitzte Bett, das für Karl August von Zweibrücken um 1790 angefertigt wurde, ist Pariser Fabrikat. Von einem der besten Pariser Ebenisten, dessen Name schon bei den Reichen Zimmern erwähnt wurde, dem ich auch die Kommode im ersten Vorzimmer zuschreiben möchte, wurden die B. V. R. B. signierten Eckschränkchen im letzten Empfangszimmer (s. S. 41) gefertigt. Ein Frühwerk von David Röntgen aus Neuwied ist der 1773 datierte Schreibtisch mit Rollverschluß im ersten Schreibzimmer (Abb. S. 43), der mit duftigen Intarsien gleich Sepiamalerei dekoriert ist. Im ersten Speisezimmer ist ein Glasschrank der Erbauungszeit aufgestellt, der kunstgewerbliche Leckerbissen enthält, Leuchter aus Chinaporzellan verschiedener Epochen, in vergoldeter Bronzemontierung meist französischer Provenienz, Chinateller, kleine Räucherdosen und andere Nippsachen, die zu den gesuchten Raritäten gehören. Den Schrank flankieren zwei Bilder, Kurfürst Max III. Joseph, der Erbauer der Kurfürstenzimmer, und sein Intendant Graf Seeau, gemalt von Desmarées 1755, sowie Kurfürst Max III. Joseph, Cello spielend, mit seiner Gemahlin, seiner Schwester und den Lieblingshunden, gemalt von Johann Nikolaus Grooth 1758. Deutlichere Zeugnisse für die einfachere, bürgerliche Atmosphäre des Kurfürstenhofes als diese intimen Gruppenporträts sind kaum zu finden. Auf Bildnissen Karl Alberts ist fürstliche Repräsentation immer die Grundbedingung. Einheimische Arbeiten sind ferner die Öfen, unter denen der schwarzglasierte Ofen in Form eines Schrankes, der von niedlichen Putten bekrönt wird, besondere Erwähnung verdient. Das Gegenstück in Weiß steht in den Trierzimmern. Über die weiteren Einzelheiten, die Nippsachen, die schönen China- und Meißener Vasen, die Girandolen, die Lüster und Wandarme, die französischen Bronzeuhren gibt wieder der kleine Führer Auskunft. Alle Objekte bilden für den Betrachter eine ständige Quelle hohen Genusses. Gerade in diesen Räumen des 18. Jahrhunderts, die bis in die Einzelheiten der Ausstattung hinein dem besten Geschmack Raum geben, muß die Achtung vor der hohen, künstlerischen Kultur der Zeit erwachen.

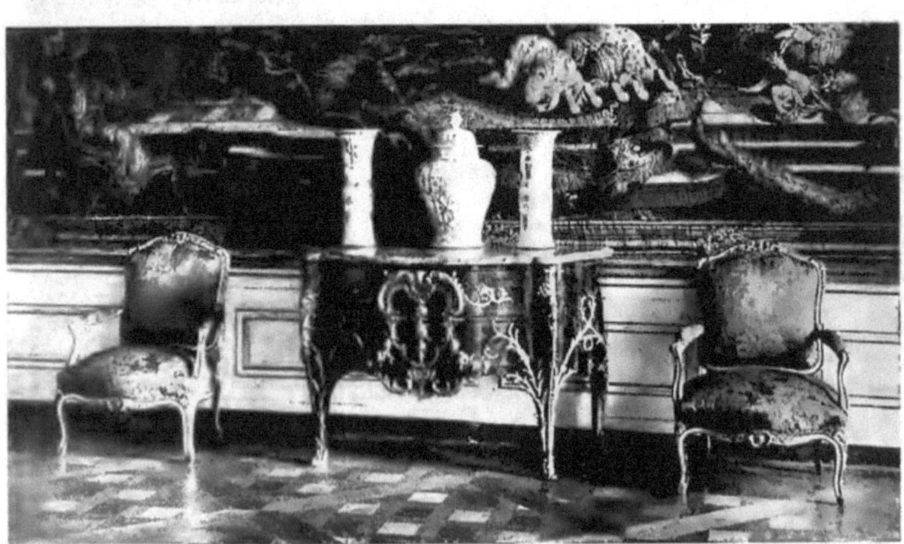

KURFÜRSTENZIMMER — MÖBEL AUS DEM VORZIMMER

Phot. Riehn & Reusch, München

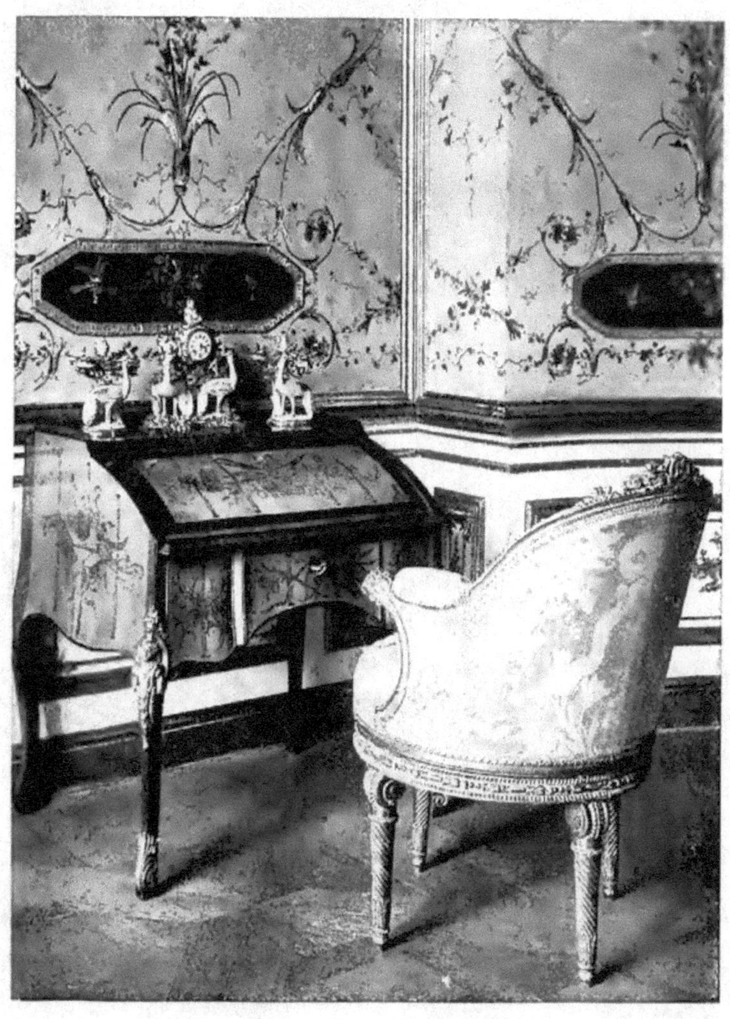

Phot. Folkwang-Verlag,
Hagen i. W.

□ KURFÜRSTENZIMMER □
AUS DEM SCHREIBZIMMER

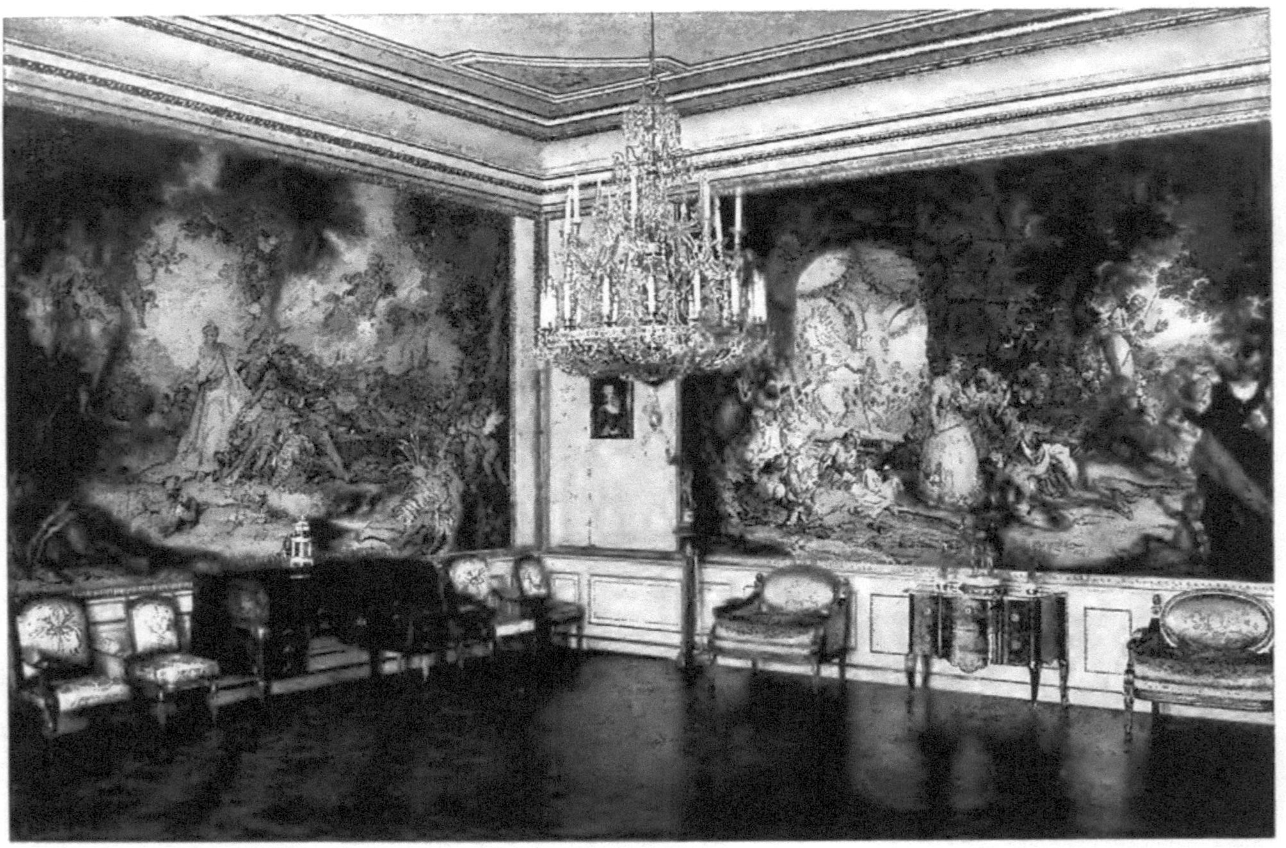

HOFGARTENZIMMER

Phot. Riehn & Reusch, München

EMPFANGSZIMMER (s. a. Abb. S. 46)

## HOFGARTENZIMMER UND KÖNIGSBAU

Als Nachfolger Karl Theodors kam 1799 Max IV. Joseph von Zweibrücken-Birkenfeld auf den bayrischen Thron. Nach dem Ableben seines Bruders Karl III. August war er regierender Herzog in Pfalz-Zweibrücken geworden und dazu erbte er jetzt noch die ganzen Wittelsbachischen Lande. Früher als Oberst in Straßburg im französischen Militärdienst und nun regierender Kurfürst von Bayern und Pfalz. Für den Umzug des neuen Herrschers genügten die bestehenden Räume der Münchner Residenz nicht mehr. Sie waren veraltet, unmodern und unpraktisch. Der in französischer Kultur erwachsene Fürst war an Besseres gewöhnt. Es mußten neue Wohnzimmer geschaffen werden, die nicht mehr auf einen Innenhof gingen, die Aussicht ins Freie boten — die Zeit der Rokoko-Naturromantik hatte schon längst begonnen — die auch im Stil modernen Bedürfnissen entsprachen. Als Platz für diese neuen Wohnzimmer war der Nordflügel der Residenz am Hofgarten gerade recht. Zunächst ließ sich Max IV. von Verschaffelt, dem Sohne des Pfälzer Bildhauers, dem damaligen Direktor des Münchner Hofbauamtes, einen Vorschlag über ein größeres Projekt machen, das den Umbau des ganzen Flügels in den beiden Hauptgeschossen und im Dachgeschoß zur Folge gehabt hätte (24. März). Vergebens wandte der kunstverständige Regierungsvizekanzler Stephan Freiherr von Stengel gegen dieses Projekt ein, daß damit die schönsten Säle der Residenz, der Kaisersaal und der Vierschimmelsaal fallen müßten, daß also an Wert viel mehr zerstört würde, als dafür hergestellt werde, daß auch aus praktischen Gründen der Umbau, der doch nur ein Flickwerk bleibe, nicht zu empfehlen sei, daß die Wohnräume im kalten Nordflügel, am stinkenden Stadtgraben an sich schon unangenehm, ja ungesund würden, und daß an der Südseite, wo das Stiegenkloster im Schutt läge, ein passenderer Neubau mit ungleich billigeren Mitteln geschaffen werden könne. Keine Einwendung half. In der Staatskonferenz vom 26. März 1799 bestimmte der Kurfürst, daß die bisherigen Pläne auf sich beruhen sollten; er werde für den Umbau seinen eigenen Architekten von Mannheim kommen lassen. Damit wurden die Prachtsäle Maximilians dem Untergang geweiht; die deutsche Kunst ist um Meisterwerke höchsten Ranges ärmer geworden.

Dieser pfälzische Leibarchitekt war Charles Pierre Puille, schon ein alter Herr, der auch im künstlerischen Geschmack nicht mehr auf der Höhe stand. Einige Daten dürfen hier eingefügt werden, da über den Umbau und den Baumeister bisher völlige Unklarheit herrschte. Karl Peter Puille war 1731 in Paris geboren. Er wird auch als marchand tapissier bezeichnet, ein Titel, der wohl mit dem weiteren Begriff eines Innenarchitekten übersetzt werden darf. Als Max Joseph noch französischer Oberst war, hatte er von Puille die Möbel bezogen und diesem dann statt der verlangten 4000 Livres, die er nicht bezahlen konnte, eine Hypothek auf die Rentei Rappoltsweiler gegeben. Seit 1790 wird Puille als Bauinspektor genannt, 1794 war er als alter Knabe in den Ruhestand gegangen. Bald nach der Vollendung der Umbauten, am 1. April 1805 ist er auch im Alter von 74 Jahren gestorben, nachdem er dreißig Jahre im Dienst des Fürsten gestanden hatte. Jetzt kam nachträglich noch der Lohn für seine früheren Dienste. Am 26. April 1799 erfolgte seine neue Bestallung. Es wurde ihm die „Direktion des Baues der Wohnung der Durchlauchtigsten Frau Kurfürstin und der höchsten Herrschaften" übertragen; das Münchner Hofbauamt wurde ihm dazu unterstellt. Mit dem Umbau wurde sofort begonnen, da aber in den Wirren der Zeit die Geldquellen versiegten, mußte sich der Kurfürst 1800 entschließen, den Bau seiner eigenen Appartements aufzuschieben und nur die seiner Gemahlin fertigstellen zu lassen. 1803 war alles vollendet. Unterstützt wurde der ältere Puille von seinem Sohne Karl Ludwig Puille (Rittershausen nennt ihn den jungen Bill), der später Hofbaukondukteur in Nymphenburg wurde und dort 1858 gestorben ist. Über die beteiligten Meister ist wenig bekannt. In den Akten werden nur subalterne Kräfte genannt, der Hofhafnermeister Michael Ecker, der Hofkistlermeister Heinrich Hammer, der Hofzimmermeister Johann Baptist Erlacher. Daß die geschnitzten Dekorationen und Ornamente der Bildhauer Franz Schwanthaler fertigte, berichtet der alte Rittershausen in einer 1803 erschienenen Beschreibung, und daß auch der Bildhauer Peter Paul Schöpf mitgearbeitet hat, erzählt Nagler. Vieles ist inzwischen verändert. Die Skulpturen von Boos, Muxel und Lemoine, die Gemälde von Simon Klotz und Seidel, die Seidentapeten sind

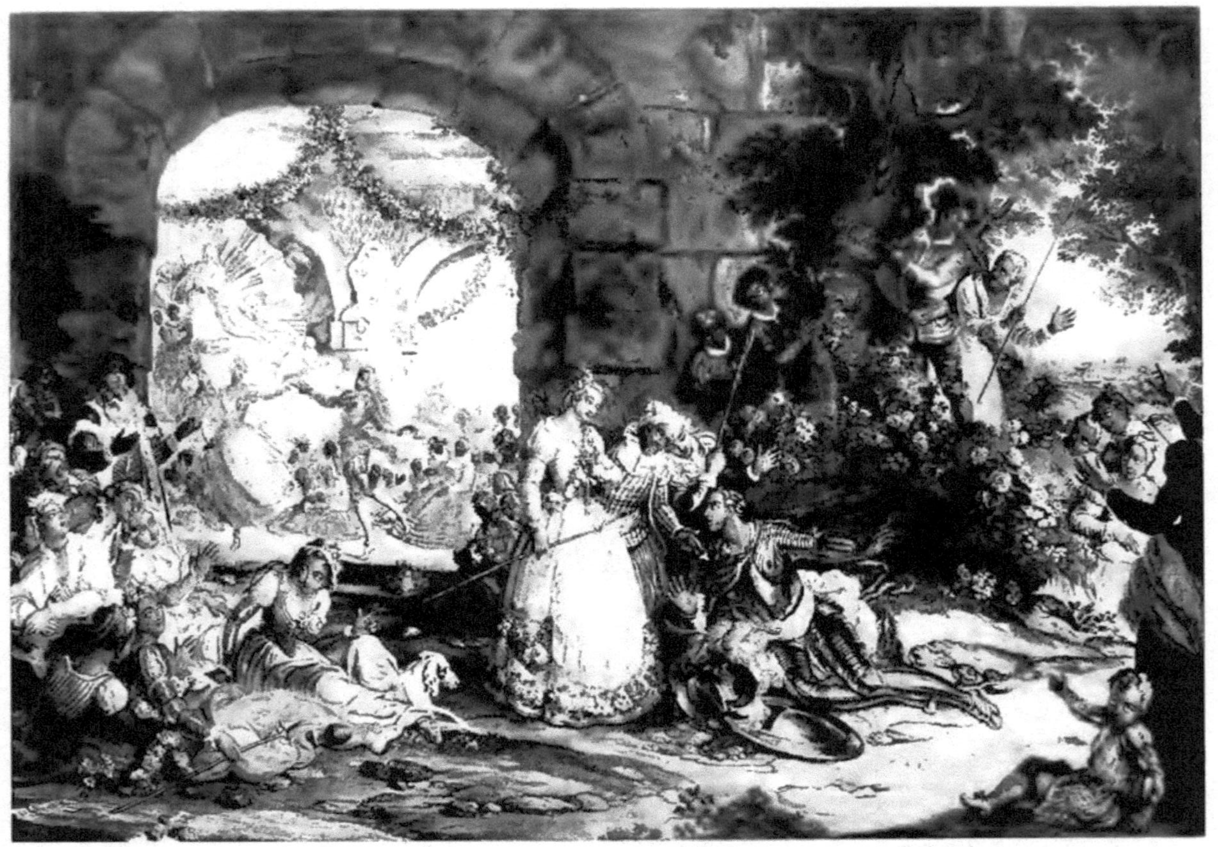

HOFGARTENZIMMER EMPFANGSZIMMER (BILDTEPPICH VON COYPEL)

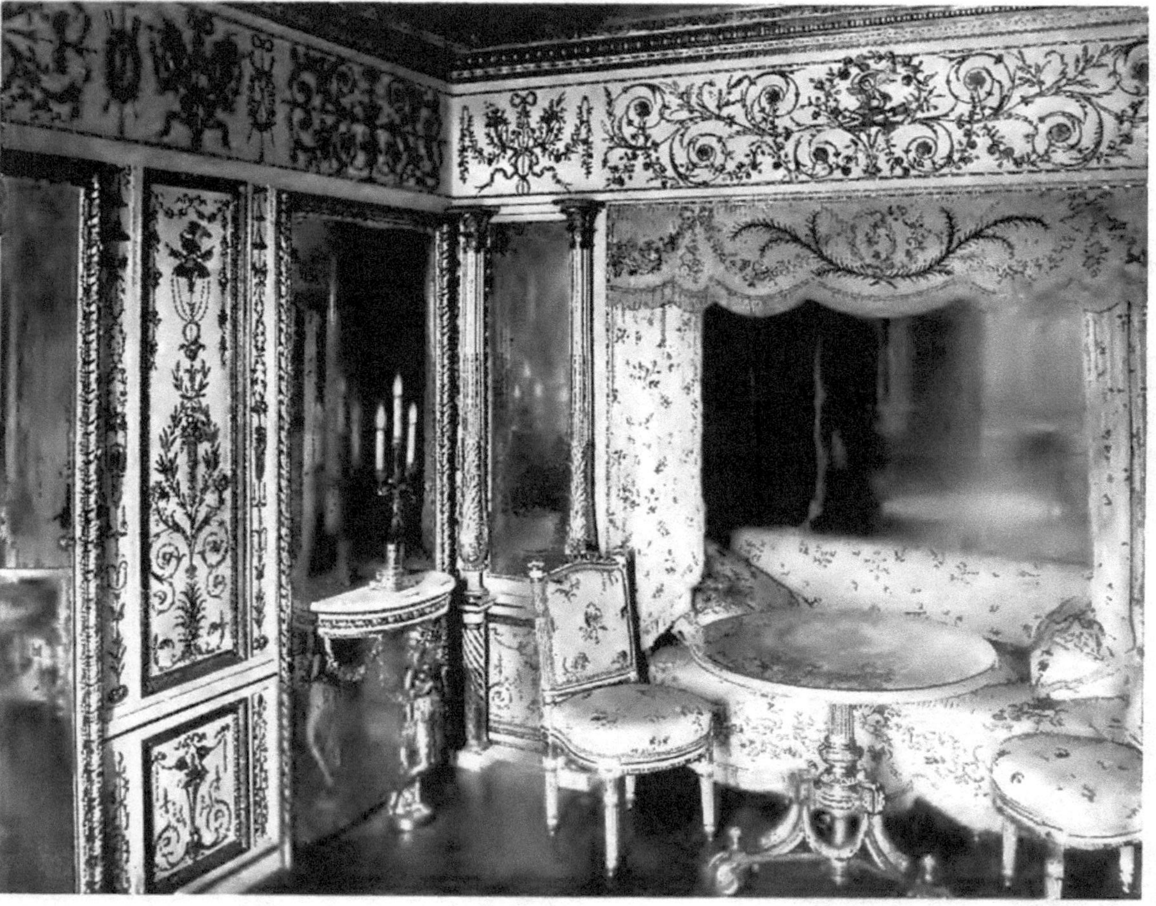

HOFGARTENZIMMER — SPIEGEL-KABINETT

Phot. Riehn & Reusch, München

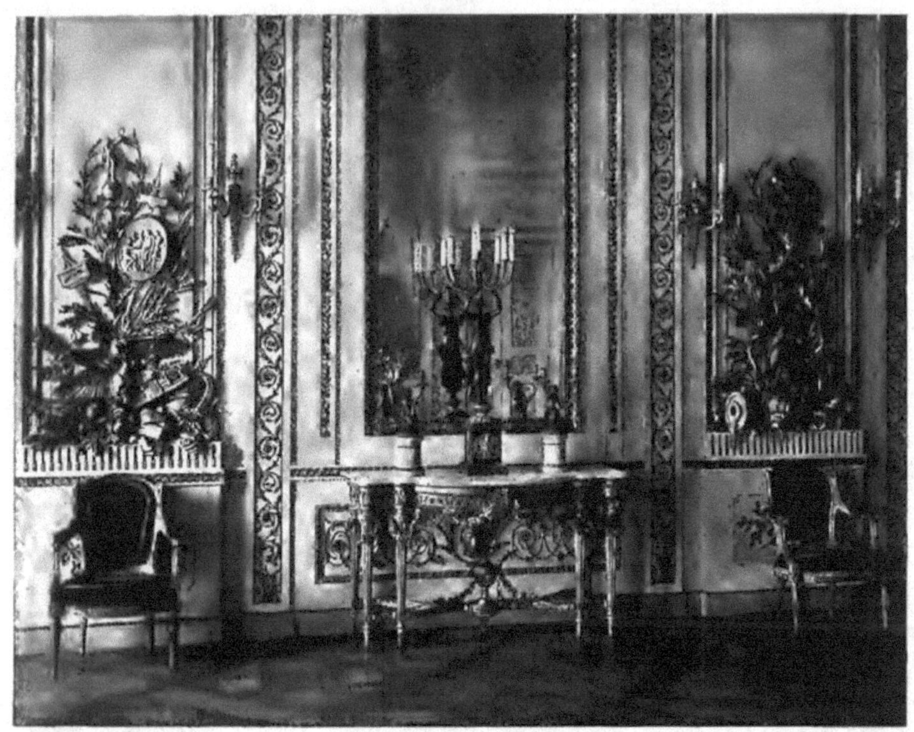

HOFGARTENZIMMER AUS DEM THRONSAAL

Phot. Riehn & Reusch, München

verschwunden. Die übrige Ausstattung war wohl schon ursprünglich Import, wie noch heute.

Innerhalb der Renaissanceräume Maximilians stehen die Hofgartenzimmer wie ein Fremdkörper, der den Rhythmus barbarisch unterbricht. Sie sind auch ein Fremdkörper in der Münchner Kunst. Der sie gebaut hat, war ein Franzose; die Stilstufe, die er vertritt, entspricht etwa dem französischen Louis-seize der Zeit um 1770. Unmittelbares Vorbild waren die Zimmer von Ludwig XVI. und Marie Antoinette in Versailles, die Rousseau entworfen hat. Um 1800 war in Paris schon der sogenannte Directoirestil überwunden, der Empirestil hatte bereits eingesetzt, der reine Klassizismus stand schon in voller Blüte. Was in den Hofgartenzimmern geschaffen wurde, ist für diese Jahre veraltet, ein Nachklang des Rokoko, als solcher allerdings eine Schöpfung von entzückender Feinheit. Zwei Räume sind hervorzuheben, der Thronsaal und das Spiegelkabinett. Es sind die Räume, die intakt geblieben sind. Die ursprüngliche Folge war Gardenzimmer, Antichambre der Kavaliere, Gesellschaftssaal (heute Thronsaal), Audienzzimmer (mit dem großen Thron, die Wände mit goldenen Tapeten belegt), Schlafzimmer mit Kabinetten. Der Thronsaal, der jetzt repräsentativen Zwecken dienen muß, trägt eine etwas strengere Note. Man muß sich, um den Unterschied gegenüber dem Rokoko zu erfassen, die Gliederung der Kurfürstenzimmer oder der Reichen Zimmer ins Gedächtnis zurückrufen. Der Unterschied läßt sich ganz äußerlich mit den Worten: Rückkehr zur Tektonik festlegen. Wand und Decke sind wieder getrennt; die schmale Hohlkehle stellt eine Vermittlung her, läßt aber nicht, wie im Rokoko, eine Verschmelzung zu. Die Wand ist entsprechend in streng geometrische, isolierte, flächige Felder aufgeteilt. Der Rhythmus ergab sich ohne weiteres aus der durchgehenden Türachse. Entsprechend auf der Innenseite eine blinde Türe; diese Türenfelder durch Supraporten und Türfüllungen kleinteilig abgeteilt; in der Mitte beherrschend

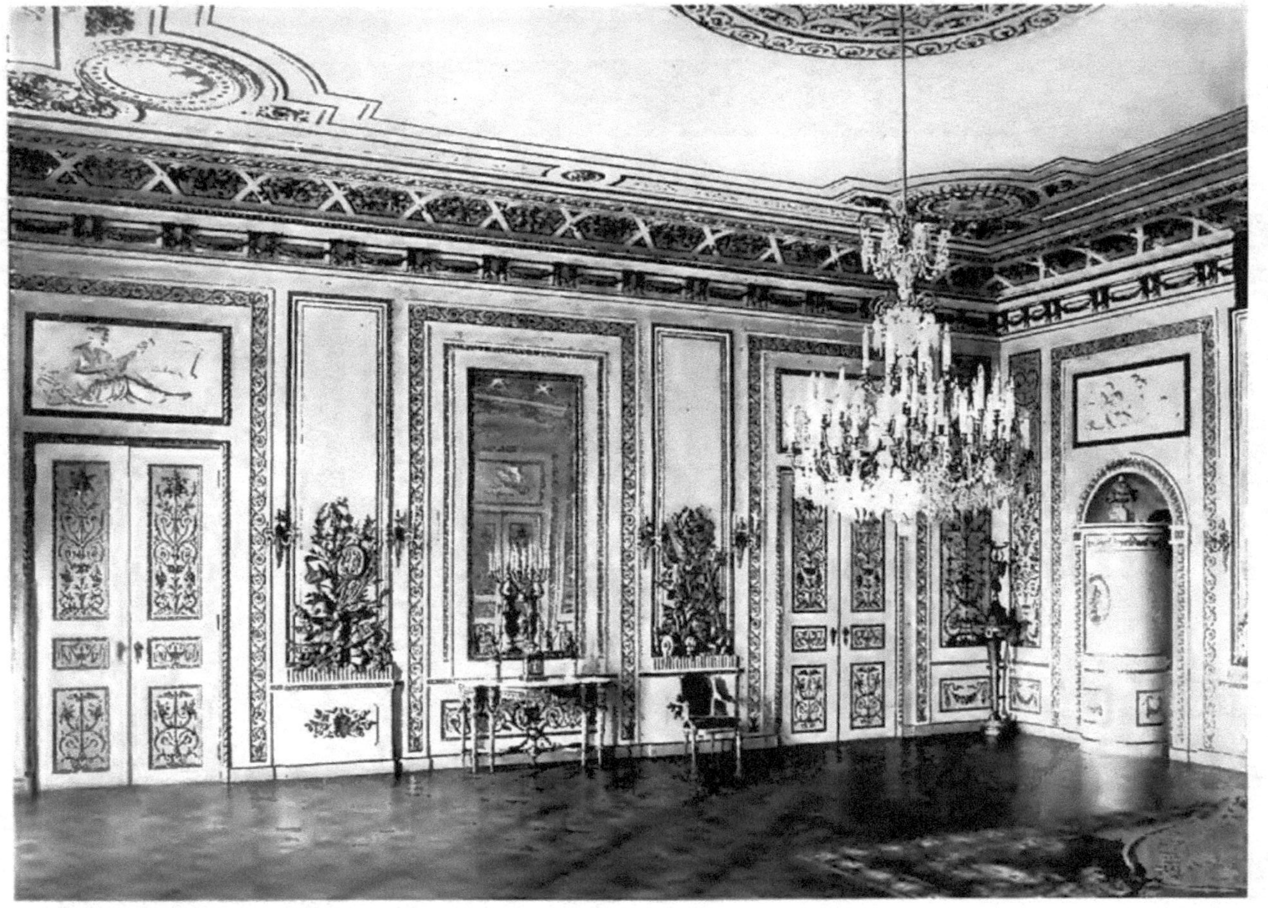

HOFGARTENZIMMER — THRONSAAL

Phot. Riehn & Reusch, München

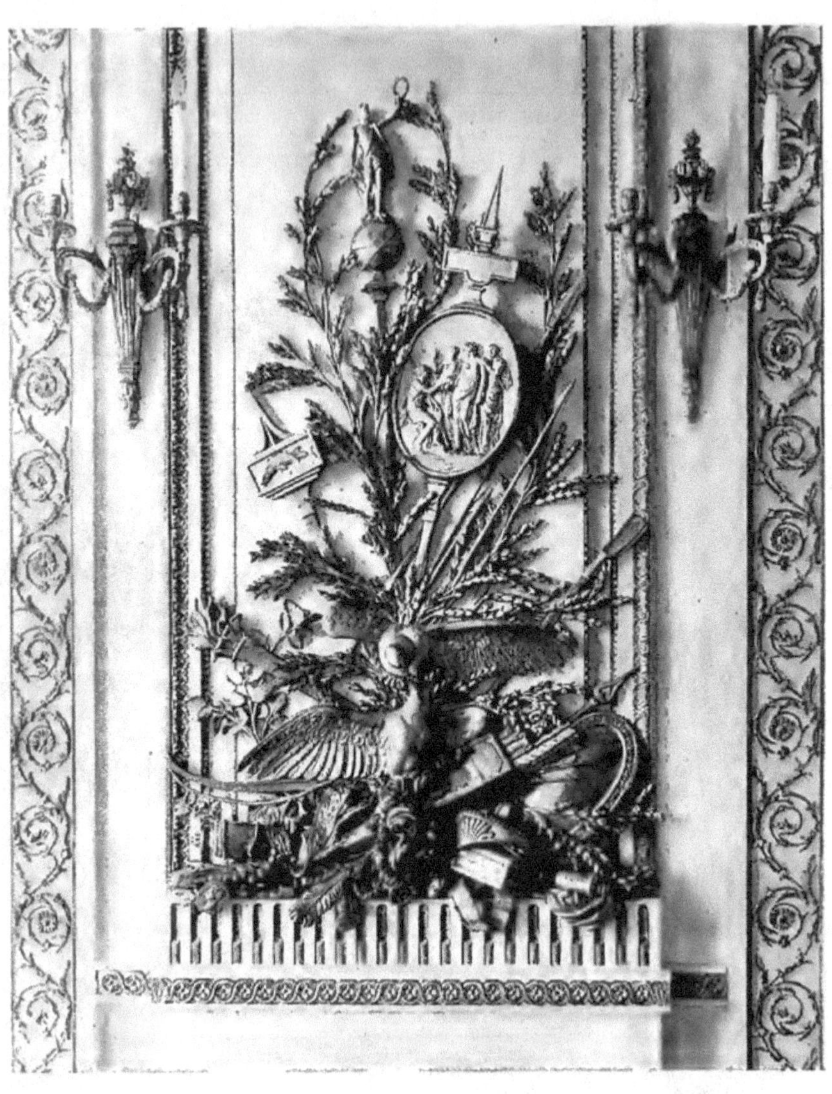

Phot. Rie'in & Reusch.
München

HOFGARTENZIMMER: THRONSAAL ▫
WANDFÜLLUNG VON SCHWANTHALER

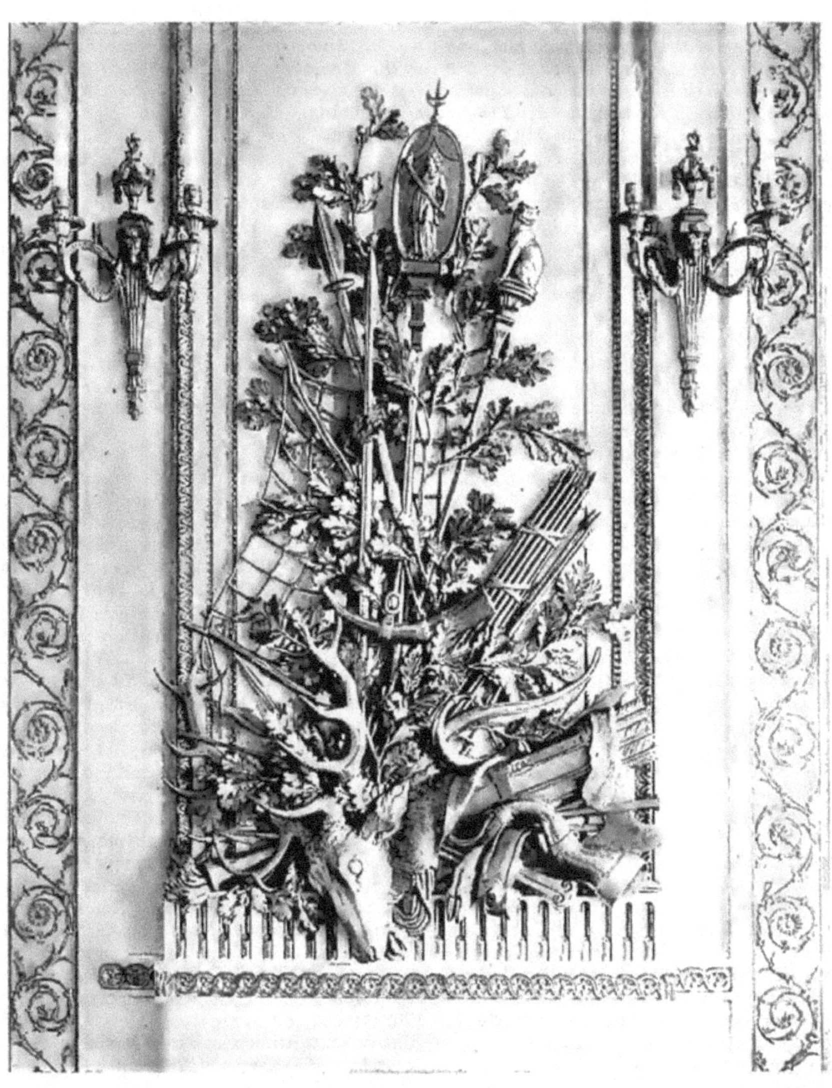

Phot. Riehn & Reusch, München

HOFGARTENZIMMER; THRONSAAL ▫ WANDFÜLLUNG VON SCHWANTHALER

das große Spiegelfeld. Demnach auch hier, wie im Rokoko, ein dreitaktiger Rhythmus, der die Wände der Räume zur Einheit zusammenbindet. Analog ist die Einteilung an der Längswand, wo der Thronbaldachin die Mitte, den Lebensnerv des Raumes, betont. Die dazwischen liegenden Schmalfelder sind zum Teil mit einem neutralen Flächenornament gefüllt. In den Feldern seitlich der Mittelachse steigt die dichtere freigeschnitzte Füllung mit Emblemen der Jagd, des Ackerbaues, des Krieges, der Landwirtschaft — die sinnbildliche Bedeutung braucht ja nicht im einzelnen erklärt zu werden — nur bis zur Mitte des Feldes, sie verlegt mit den Möbeln das Schwergewicht auf den Sockel. Darüber waren ursprünglich Köpfe „en medaillon mit Blumen und Girlanden umkränzt von Klotz". Bindend im weiteren Sinne wirkt dann die Farbe in der gleichmäßigen Wiederkehr von Weiß und Gold. Auch die Möbel sind durch Farbe, Form und Dekoration noch mit der Wand verbunden, wenn auch nicht in dem Sinne eingebunden wie im Rokoko. Der räumliche Sinn des Rokoko ist noch wach. Wichtig die Elemente der Ornamentik, die zugleich die Quellen berühren, aus denen der neue Stil des frühen Klassizismus Anregung zieht: Antike und Natur. Überall kehren die antikisierenden Akanthusranken, die „Zieraten à la grecque", Palmetten, Vasen, Trophäen wieder, verbunden mit naturalistischen Blüten, Zweigen, Ranken, die jetzt noch mehr nach ihrem Eigenwert durchgeformt sind, wie im Rokoko. Aber die ganze Ornamentik bleibt in der Fläche, selbst im starken Relief ist der Flächenrhythmus ausschlaggebend. Die Kleinteiligkeit, Zierlichkeit der Gliederung bestimmt den Gesamteindruck. Sicher lag es in der Absicht des Erbauers, dem Saal den Charakter des Würdevollen, Repräsentativen zu geben; aber trotz der strengen Klarheit der Gliederung, der feierlichen Abtönung in Weiß und Gold kommt der Gesamteindruck über zurückhaltende Anmut nicht hinaus. Die Zierlichkeit der Raummaße, der Proportionen, der Ornamentik entscheidet. Schließlich bleibt die Feinheit des Einzelnen das Bestimmende, namentlich in dem entzückenden kleinen Boudoir, dem Spiegelzimmer, das mit feinstem Geschmack und zartestem Raffinement ausgestattet ist.

Ein niedriger Raum von intimsten Proportionen, die Decke bemalt mit der untergehenden Sonne, — die Symbolik der Dekoration ist wieder aus der Zweckbestimmung ohne weiteres ersichtlich. Darunter ein durchgehender Fries, ohne Vertikalteilung, aber die Ornamentik abgesetzt nach der Vertikalgliederung der Wandfelder. Für die Feldereinteilung gab den Modulus die Türe, die an der Innenseite ganz mit einem Spiegel verkleidet ist. Das gleiche Spiegelfeld kehrt an der Seitenwand zweimal wieder. Das geschnitzte Zwischenfeld ist abgeteilt in quadratischen Sockel und Hochfüllung. Die Rückwand zeigt reicheres plastisches Leben. Zwei zierliche Balustersäulchen rahmen den Alkoven, tragen den Fries. Der Alkoven selbst von einer zartfarbigen Draperie mit Streublumen und Stickereien gesäumt, deren Muster auf dem Sofa, den Stühlen, dem Vorhang wiederkehrt, im Innern seitlich und oben mit Spiegeln ausgeschlagen, die vervielfachen, verunendlichen, was auf dem Sofa, auf das Amors Opferherd gestickt ist, in verschwiegenen Stunden die Liebesgötter als Weihgabe empfingen. Ein Hauch zarter, sinnlicher Anmut umfängt uns in diesem kleinen Raum, in dem, wie in einem Liebesnest, alle Trophäen und Embleme Amors, Pfeile, Bogen und Köcher, die sich schnäbelnden Täubchen und das Weihrauchgefäß Wände und Möbel schmücken: ein leichtes, anakreontisches Liebesliedchen der Nachrokokozeit, dessen tändelnder Inhalt durch den gebundenen Rhythmus des antikischen Metrums in seiner Pikanterie noch gesteigert wird.

In den übrigen Räumen der Hofgartenzimmer, die nicht intakt erhalten geblieben sind, fesselt nicht die Einheitlichkeit, sondern das Detail. Prunkstücke französischer Wohnkultur des 18. Jahrhunderts, Meisterwerke elegantesten Geschmacks finden sich unter den Möbeln, den Kandelabern, den Wandarmen, den Bildteppichen. Einzelnes muß hervorgehoben werden wie die von Gouthière gefertigten Kandelaber und Wandarme aus vergoldeter Bronze, in denen der antike Motivenschatz mit dem detaillierten Naturalismus der Nachrokokozeit in pikanter, ornamentaler Einheitlichkeit zusammengeschweißt ist; die kleineren Kandelaber mit den drolligen Putten von Clodion, die Kandelaber in Form von Nymphen, die Blumenkörbchen tragen, die auf eine Erfindung Falconets zurückgehen. Den Stempel technischer Vollendung und raffiniertester Farbenkultur tragen die drei Bildteppiche mit Szenen aus dem Roman von Rinaldo und Armida und aus Tassos befreitem Jerusalem, die jetzt die Wände des Empfangszimmers schmücken, Erzeugnisse der Pariser Gobelinfabrik, 1762 nach Entwurf von Charles Coypel gewebt von Neilson. Sie wirken wie Pastellgemälde im großen Format: in den duftigsten Übergängen sind die Farben verschmolzen. Daß sie dadurch im ursprünglichen Milieu, im Zusammenklang der gebrochenen Farben der ganzen Ausstattung, auch ihrer dekorativen Bestimmung gerecht wurden, ist selbstverständlich.

Von Puille sind auch die Schreibzimmer der Trierzimmer umgebaut worden, auf die wir hier zurückkommen müssen. Das Schema der

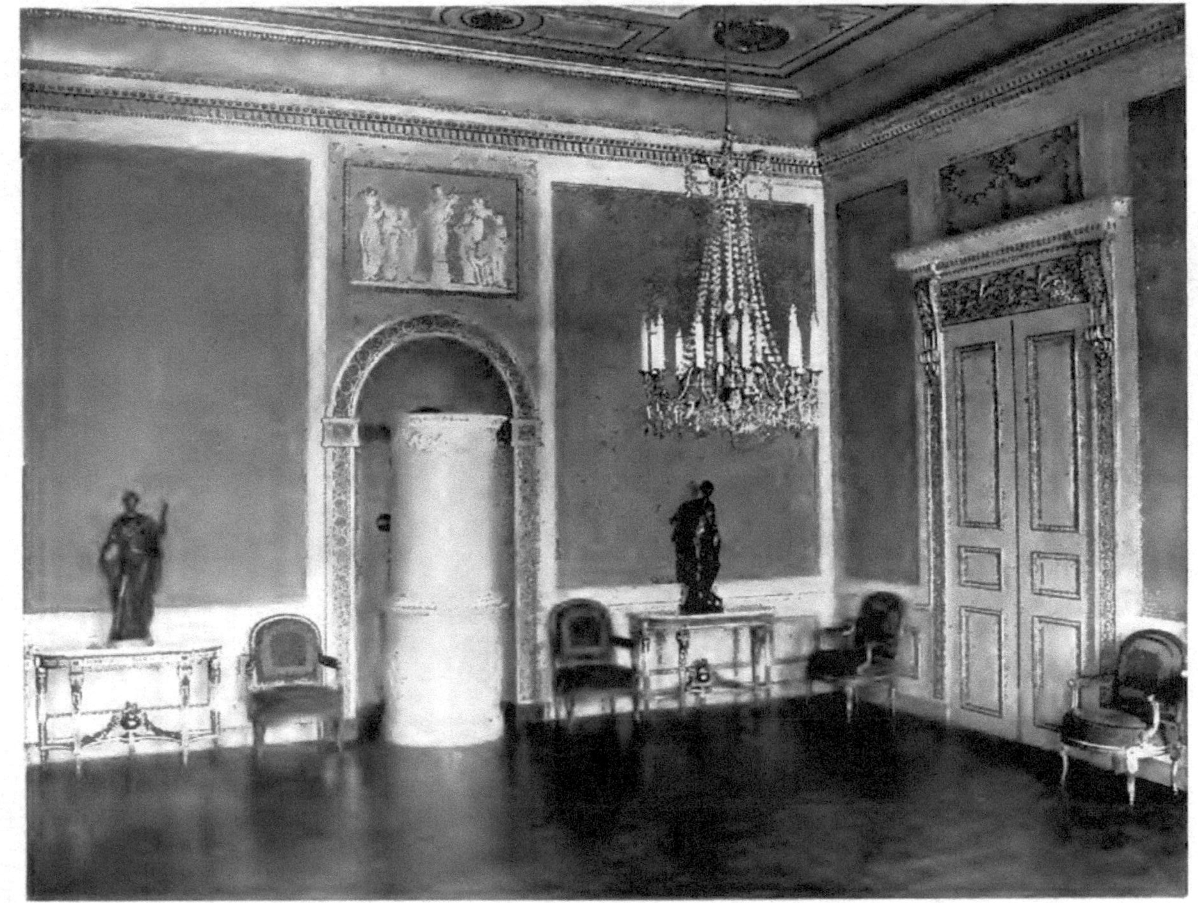

HOFGARTENZIMMER

EMPFANGSZIMMER

Phot. Riehn & Reusch, München

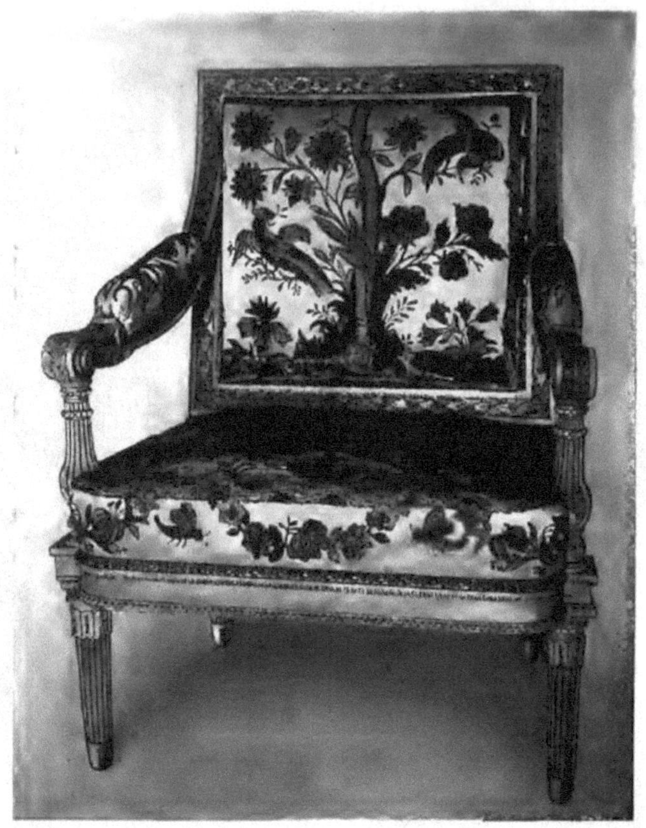

HOFGARTENZIMMER LEHNSTUHL IM SALON

Gliederung ist das gleiche, wie in den Hofgartenzimmern; nur die Ornamentik ist um einen Grad strenger geworden. Auch hier ist die einheitliche, elegante Ausstattung von erlesenem Geschmack. Die duftigen Seidentapeten im ersten Schreibzimmer, die in Lyon in der damals berühmten Fabrik von Lassalle gewebt worden sind, die auch als Möbelbezug dienen, sind im zweiten Zimmer unter Ludwig II. durch plumpe Panneaux ersetzt worden, in die die Pastellporträts der sächsischen Verwandten Karl Theodors eingelassen sind. Rosalba Carriera und Marie Silvestre haben die zarten Bildnisse gemalt. Das Prunkstück der Ausstattung bildet im zweiten Zimmer das kostbare Lese- und Toilettetischchen der Zeit um 1760, eines der besten Möbel der Residenz überhaupt. Ich kann es jetzt mit Bestimmtheit dem berühmten Pariser Ebenisten Oeben zuschreiben; das etwas kleinere, signierte Gegenstück befindet sich in der Sammlung von Alphons Rotschild in Paris. Man muß dieses Stück mit dem im nächsten Zimmer stehenden Schreibtisch von David Röntgen aus Neuwied vergleichen. Im Technischen, in der musterhaften, handwerklichen Durcharbeitung, in der Behandlung der Intarsia ist das deutsche Möbel vielleicht sogar überlegen; dagegen steht es zurück in der Feinheit der Bronzebeschläge und in der Eleganz, in der Verbindung, Verschmelzung aller Teile zu einem homogenen Ganzen. Wie bei dem Pariser Möbel die Füße in feingeschwungenen Linien aus dem Hauptteil herauswachsen, wie bei der Deckplatte eine Kurve aus der anderen entsteht, und wie vor allem die Proportionen ausgewogen sind, ist mit unnachahmlicher Grazie gelöst. Auch der Schöpfer dieses Pariser Möbels, Oeben, ist ein Deutscher — die besten unter den Pariser Ebenisten tragen

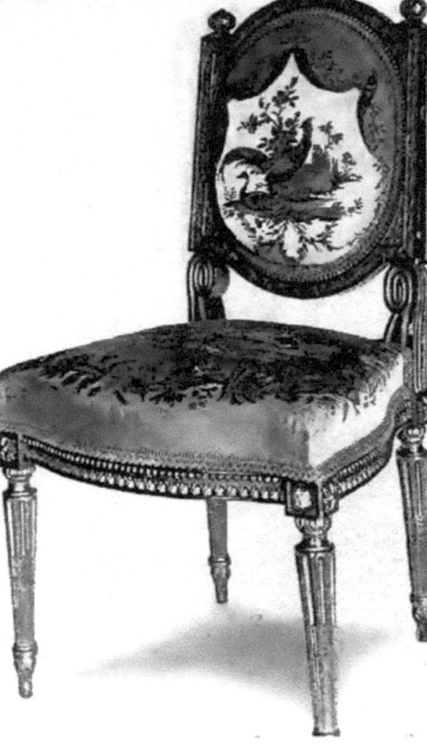

TRIERZIMMER — STUHL AUS DEM SCHREIBZIMMER

HOFGARTENZIMMER — LEHNSTUHL VON JACOB AUS DEM EMPFANGSZIMMER

Phot. Riehn & Reusch, München

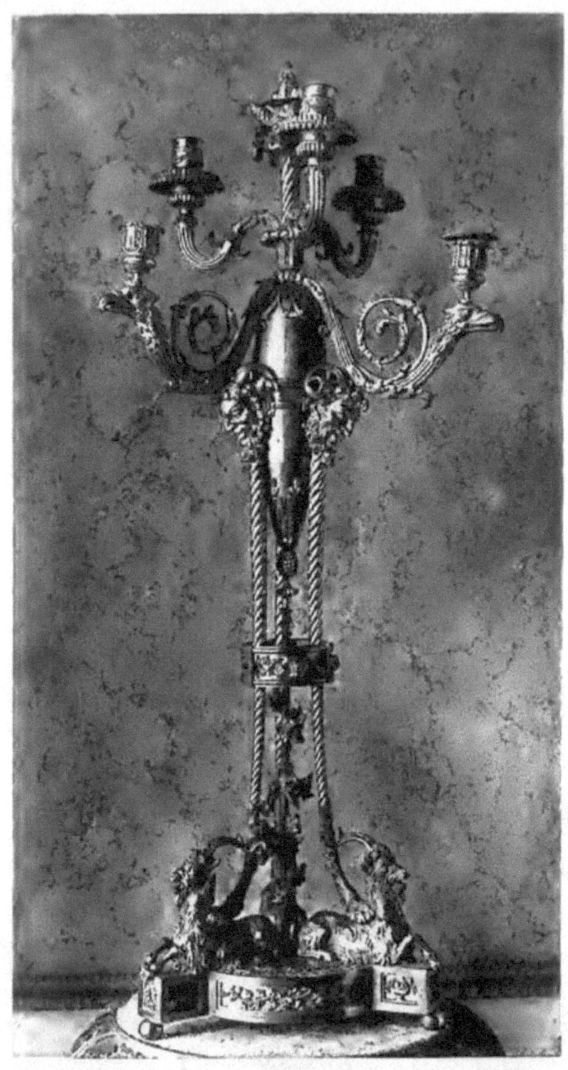

HOFGARTENZIMMER KANDELABER VON GOUTHIÈRE

deutsche Namen; aber die geschmackliche Vollendung konnte doch nur Paris geben.

---

In den Jahren 1826—35 hat König Ludwig I. durch Klenze am Max Josephplatz den Königsbau aufführen lassen, der im Untergeschoß die Nibelungensäle und nebensächliche Räume, im Obergeschoß die Wohnzimmer und die kleinen Repräsentationsräume des Königs und der Königin birgt. Nur die Wohnräume der Südseite sind vorderhand zugänglich. Mit den Bauten Ludwig I. hat die Residenz ihre jetzige Gestalt bekommen. Eine jahrhundertlange Entwicklung hat ihren Abschluß erreicht. Die neuzeitliche Residenz, der monumentale Sitz des Landesherrn, der Kurfürst Maximilian I. als Idee vorgeschwebt hatte, hat durch Ludwig I. Gestalt bekommen. Damit mußten die letzten Reste

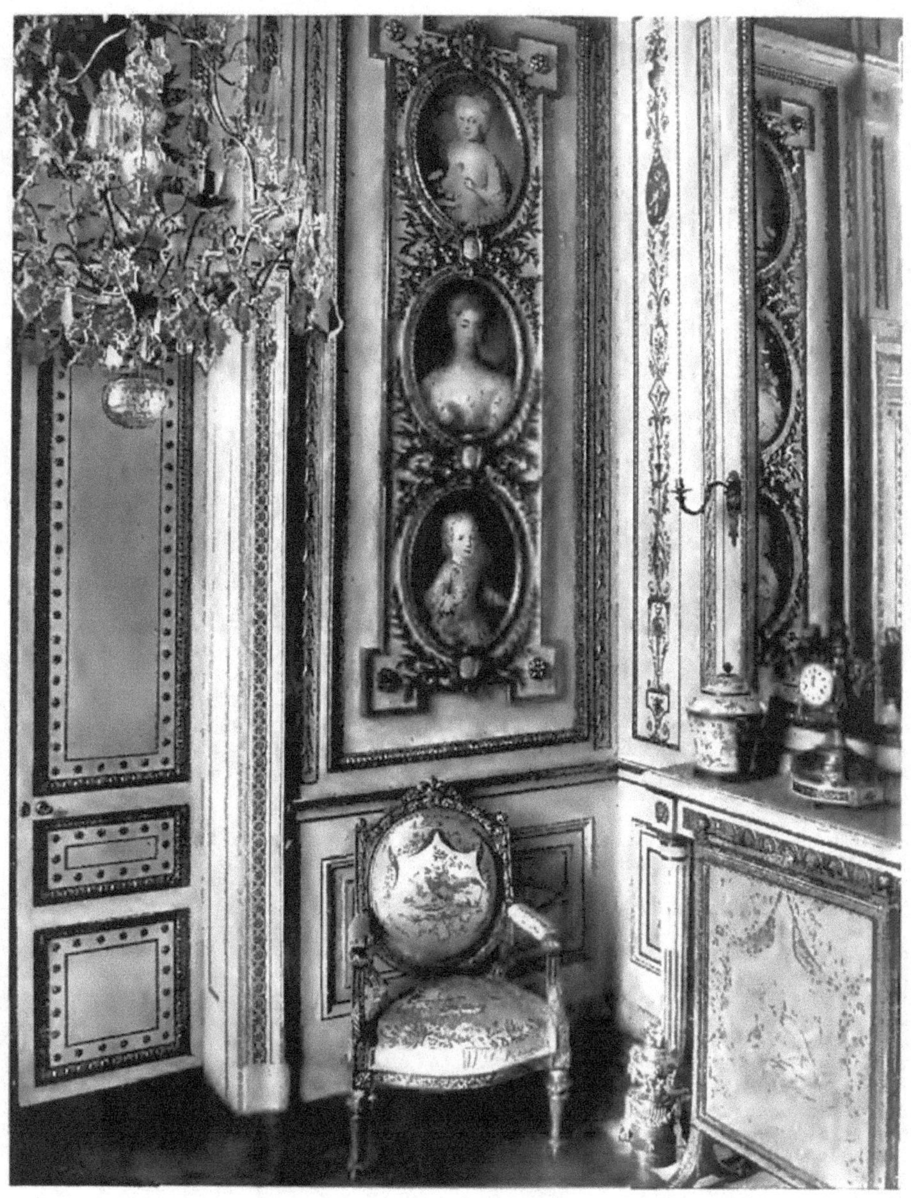

Phot. Riehn & Reusch,
München

TRIERZIMMER: AUS DEM SCHREIBZIMMER

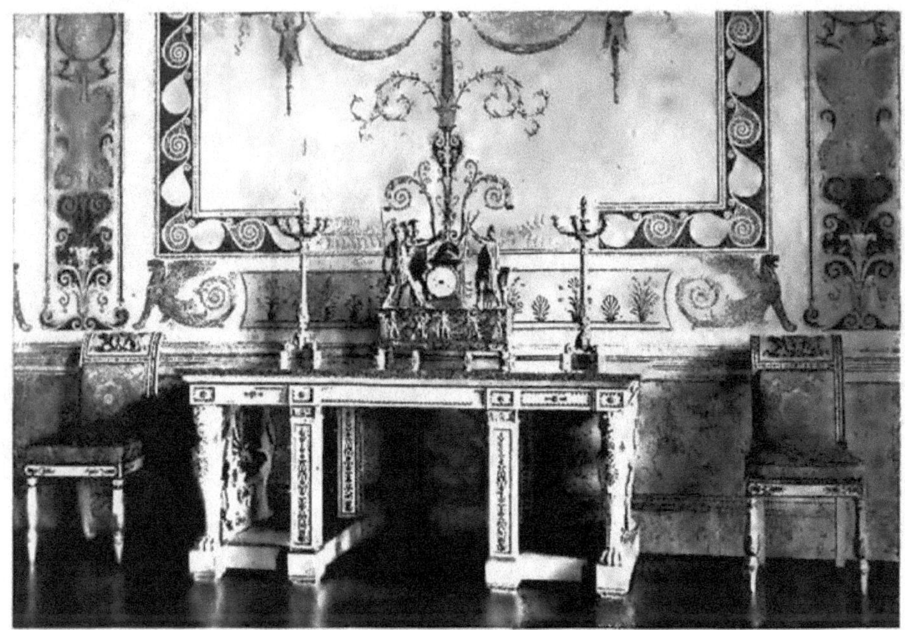

KÖNIGSBAU AUS DEM EMPFANGSZIMMER DES KÖNIGS
Phot. Riehn & Reusch, München

der gotischen Burg, die Überbleibsel einer mittelalterlichen Zeit fallen. Wenn man den Umfang des Geschaffenen betrachtet, kann keine der früheren Perioden mit der Ära Ludwigs I. verglichen werden; in der Größe der Gesinnung, im Ernst des Wollens kann Ludwig I. nur Kurfürst Maximilian I. gegenübergestellt werden. Ob das Geschaffene auch in der künstlerischen Bedeutung dem Wollen des Bauherrn entsprach?

Was beim Durchschreiten der Wohnräume des Königsbaues am meisten gewinnt, das ist das monumentale Format nicht nur der einzelnen Räume. Der Durchblick in der Längsachse ist imponierend; bewundernswert auch die stilistische Größe in der Gliederung, in der Wahl der Motive. Wie weit diese stilistische Größe originalem Schöpfertum entspringt, wie weit sie Vorbildern nachempfunden ist, also aus zweiter Hand stammt, ist allerdings eine Frage für sich; ihre Lösung kommt hier nicht in Betracht, wo nur das Unterscheidende gegenüber den früheren Stilen hervorgehoben werden soll. Man kann, um mit dem Optischen zu beginnen, den Hauptunterschied so formulieren: dem zusammenfassenden Sehen in den Räumen des 18. Jahrhunderts steht hier gegenüber ein isolierendes Sehen. Als Beispiel diene das Schlafzimmer der Königin. Unten eine Sockelzone, in sich aufgeteilt. Als Wanddekoration dienen gemalte Draperien, ein simpler Gedanke. Darüber der Fries, durch Pilaster gegliedert, vielmehr geteilt; die Teilung ist in der Wand nirgends vorbereitet. Über dem Fries die Decke mit Stichkappen, ein neuer architektonischer Gedanke, nicht die Folge der Gliederung des ganzen Raumes. Die Wand ist also in horizontale Schichten zerlegt, die unverbunden übereinander liegen. Die dekorativen Gemälde, Szenen aus den Dichtungen Goethes, von Wilhelm Kaulbach gemalt, sind wie Tafelbilder an die Wand geheftet, in eigenen Rahmen, streng isoliert, ohne Verbindung mit der übrigen Dekoration. Nicht der dekorative Zweck war die Hauptsache, wie im 18. Jahrhundert, sondern der illustrative, der Inhalt des Bildes, also ein Moment, das mit dem Architektonisch-Räumlichen gar nichts zu tun hat. In die großen Flächen der Wand sind die Türen hineingeschnitten, bedingt von den Achsen der Seitenwände. Dazwischen stehen die Möbel die Wand entlang oder im Raum herum, jedes für sich. Aus isolierten Bestandteilen ist dann der Raum zusammengesetzt. Ähnlich, reicher oder einfacher, je nach der Bestimmung, sind die übrigen Räume. Nur der Thronsaal Ludwigs I. ist in strengerer Monumentalität in sich ge-

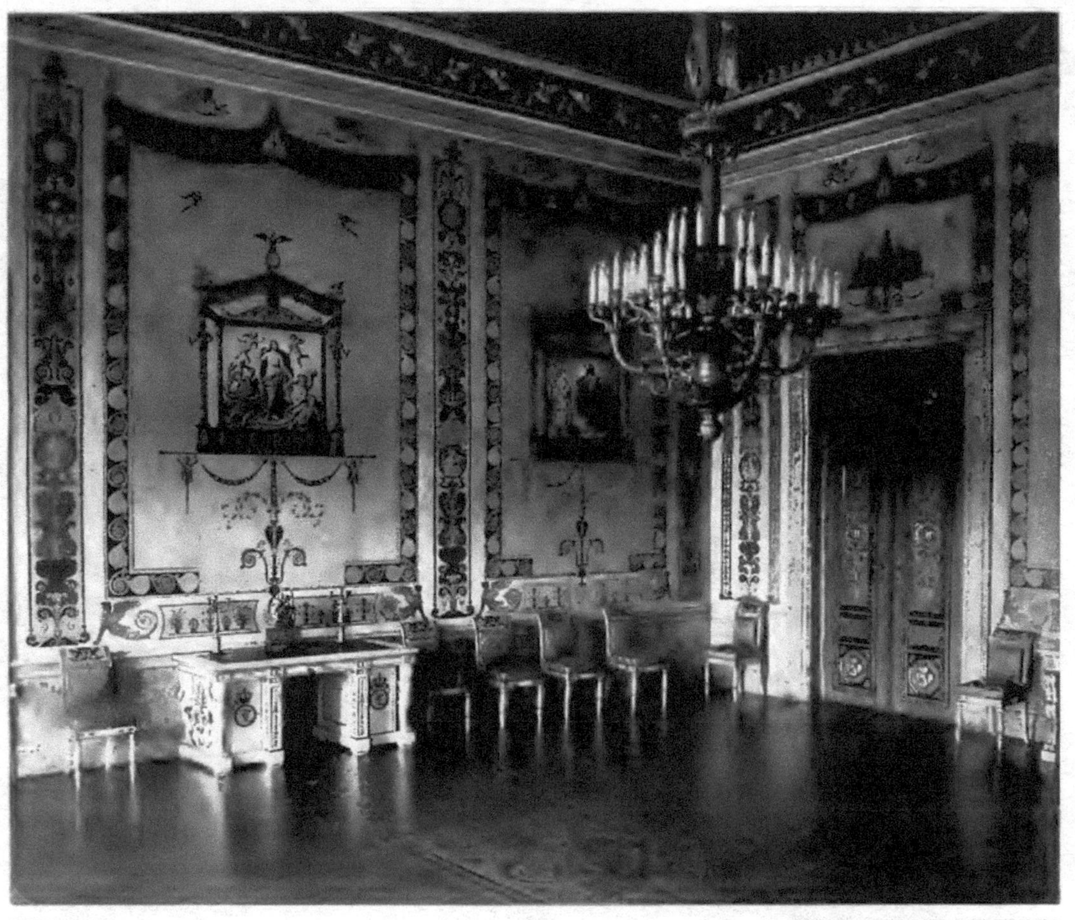

KÖNIGSBAU

EMPFANGSZIMMER DES KÖNIGS

Phot. Riehn & Reusch, München

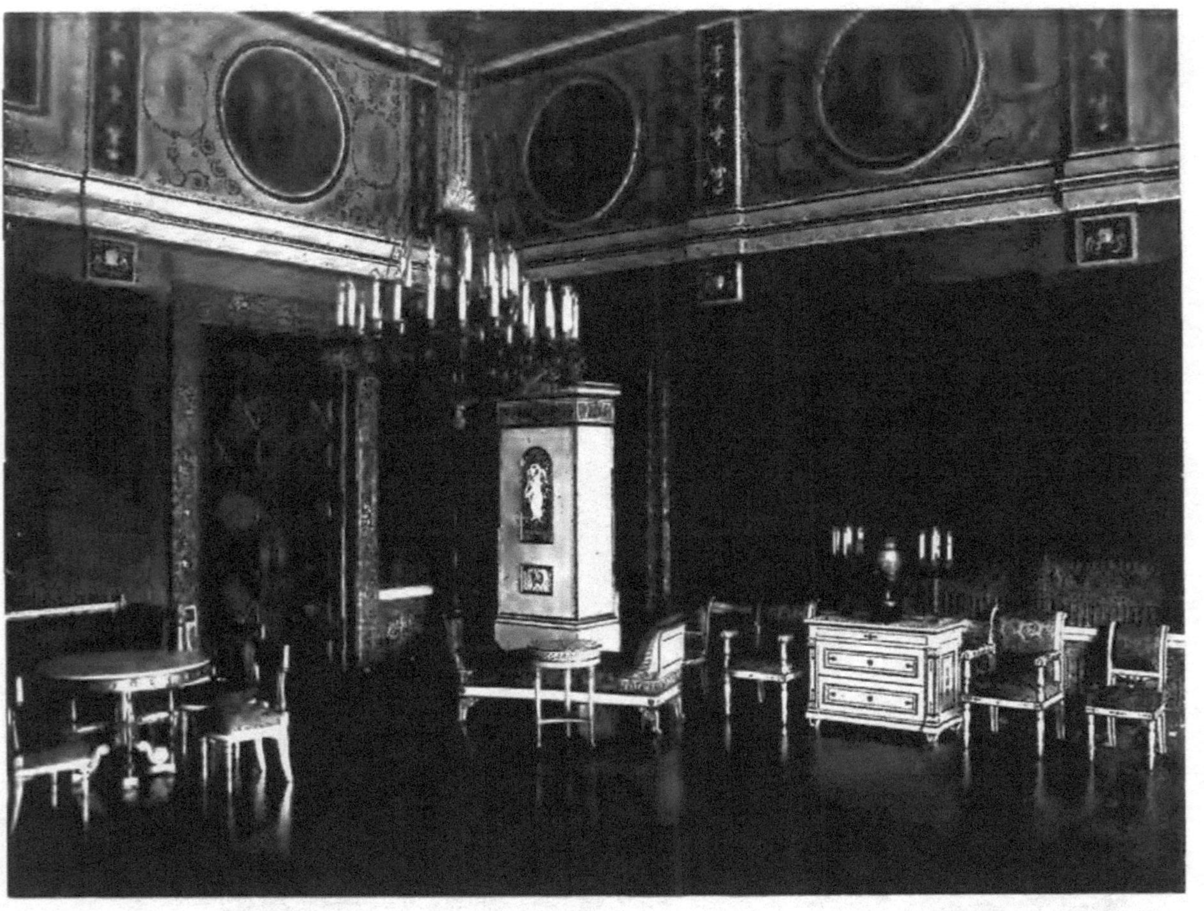

KÖNIGSBAU SCHLAFZIMMER DER KÖNIGIN

Phot. Riehn & Reusch, München

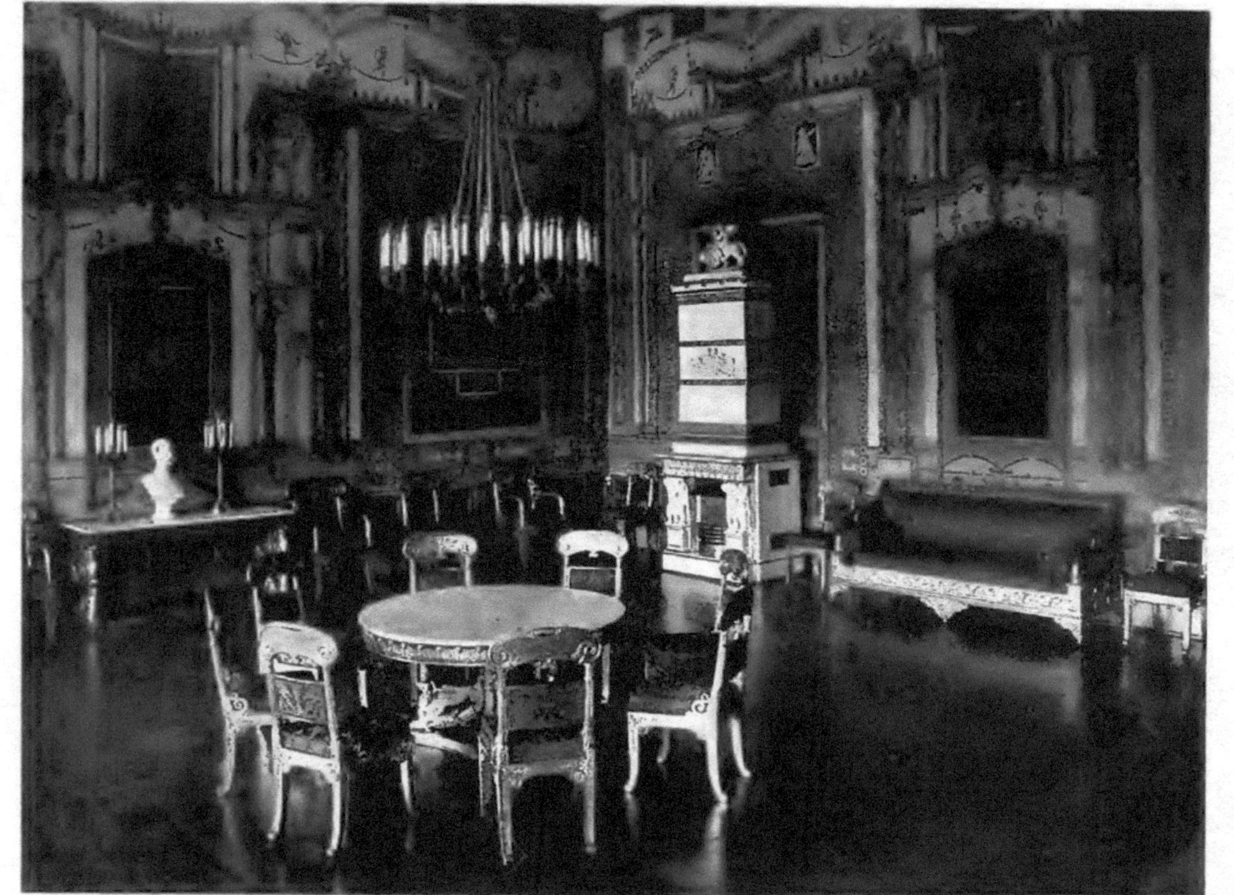

KÖNIGSBAU — SALON DER KÖNIGIN

Phot. Riehn & Reusch, München

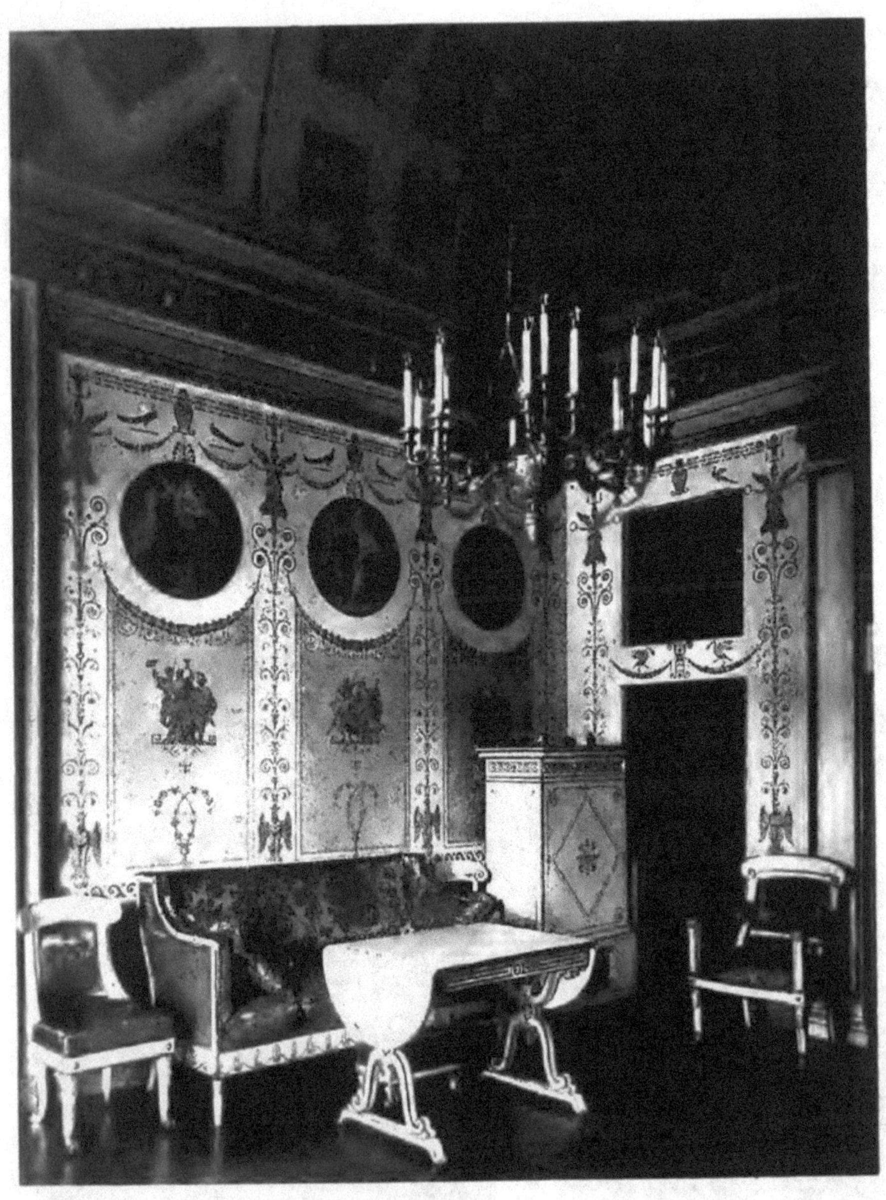

Phot. Folkwang-Verlag,
Hagen i. W.

KÖNIGSBAU: ANKLEIDEZIMMER

schlossen. Das Primäre ist überall nicht der Raum, sondern das Inhaltliche der Form, die klassische oder antike Reminiszenz, das Inhaltliche der Dekoration: das Literarische. Der Inhalt der Dichtungen, die in den kleinen Bildchen an den Wänden, an der Decke illustriert sind, hat den Zimmern den Namen gegeben, die literarischen Ideen in der Malerei gaben nach der Anschauung der Zeit den Räumen den inneren Wert, nicht die künstlerische Form. Ein König, selbst ein Poet, hat sich von Kaulbach, Foltz, Schwind, Heß, Zimmermann und Neureuther die Heroen der Literatur durch Bilder aus ihren Dichtungen vor Augen führen lassen. Deutsche und antike Gedankenwelt, Walter von der Vogelweide und Wolfram von Eschenbach, Goethe, Schiller, Klopstock, Wieland, Tieck, Bürger, Homer, Hesiod, Pindar, Sophokles, Aristophanes wechseln in bunter Reihe; nur ein Mann mit intimsten Kenntnissen der Literatur konnte den Inhalt der versteckten Sagen und Mythen kennen. Was hat sich Kurfürst Maximilian I. von Candid an die Wände seiner Wohnräume malen lassen? Allegorien, die eine Mahnung an seine eigene Person enthielten, Verherrlichungen des Herrschertums mit seinen Gaben und Pflichten. Der Romantiker auf dem Königsthron fühlt sich in der fremden Dichtung heimisch, die mit dem Raum, dem Bewohner keine andere Beziehung hat als die der Illustration.

Den Abschluß dieser einfachen, bei allem Schmuck strengen, ja haushälterischen Raumfolge bildet der Wintergarten. Auf die Dichtung folgt der zweite Exponent dieser literarischen Zeit, die Natur, auf die literarische Vergangenheit die Exotik der Gegenwart, ein Stück Natur, künstlich zurechtgemacht in der exotischen Stilisierung der Balzac-Zeit, mit fremden Bäumen und Blüten, auch ein Stück Romantik und als solches unentbehrlich in der ganzen Folge. Unentbehrlich namentlich heute, wo es dem Auge des Beschauers nach der strengen Monotonität der Wohnzimmer einen Ruhepunkt gibt. Dieser Rest der Romantik, die einzige Anlage dieser Art in Deutschland, soll in nächster Zeit vernichtet werden, soll Alltagsbedürfnissen geopfert werden. Mit diesem trostreichen Ausblick in die Zukunft schließen wir unsere Führung. Man könnte ein bekanntes Wort auch so formulieren: jede Zeit hat die Kultur, die sie verdient.

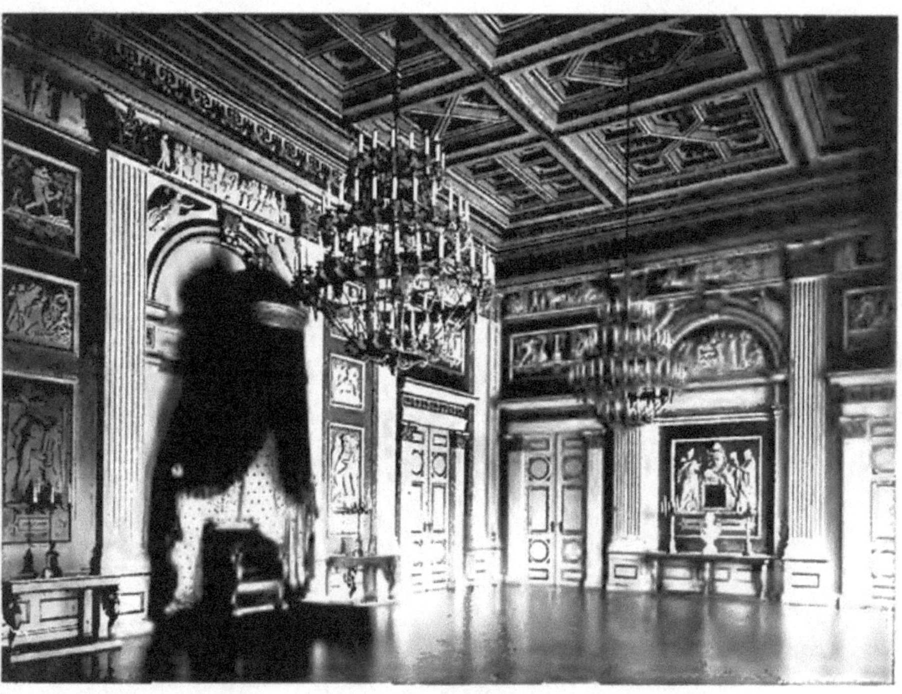

Phot. Folkwang-Verlag, Hagen i. W. KÖNIGSBAU: THRONSAAL

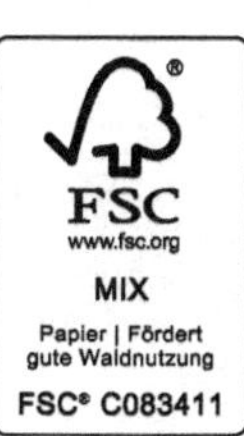


Zeitfracht Medien GmbH
Ferdinand-Jühlke-Straße 7
99095 Erfurt, Deutschland
produktsicherheit@kolibri360.de